重庆市教育科学"十四五"2021 年度立项重点有经费课
体系建构与实施研究》(编号：2021 — 11 — 076)研究成果

U0577244

小学科创教育 STEAM 课程

曾亚琼　　主编

吉林大学出版社

·长春·

图书在版编目（CIP）数据

小学科创教育 STEAM 课程 / 曾亚琼主编 . -- 长春：
吉林大学出版社，2021.11

ISBN 978-7-5692-9637-2

Ⅰ.①小⋯ Ⅱ.①曾⋯ Ⅲ.①科学知识－小学－教材
Ⅳ.① G624.61

中国版本图书馆 CIP 数据核字 (2021) 第 232981 号

书　　名　小学科创教育 STEAM 课程
　　　　　XIAOXUE KECHUANG JIAOYU STEAM KECHENG

作　　者　曾亚琼　主编
策划编辑　朱进
责任编辑　朱进
责任校对　王寒冰
装帧设计　郭瑞华
出版发行　吉林大学出版社
社　　址　长春市人民大街 4059 号
邮政编码　130021
发行电话　0431-89580028/29/21
网　　址　http.//www.jlup.com.cn
电子邮箱　jldxcbs@sina.com
印　　刷　三河市嵩川印刷有限公司
开　　本　787mm×1092mm　　1/16
印　　张　9.5
字　　数　130 千字
版　　次　2021 年 11 月第 1 版
印　　次　2023 年 8 月第 2 次
书　　号　ISBN 978-7-5692-9637-2
定　　价　49.00 元

　　曾亚琼，中学正高级研究员，北京师范大学在职博士，中国特色品牌学校共同体专家团成员，重庆市骨干教师、渝北名师，渝北区教科所所长，渝北区教育学会会长。重庆市重点课改课题《区域推进科创STEAM教育行动研究》课题负责人（该课题2020年已结题），已出版《行走在教育科研的路上》《区域推进科创教育STEAM课程行动研究》《给力三尺舞台》《学校那些事儿》等教育专著。

编者的话

STEAM 教育起源于美国，盛行于欧美发达国家，近年来传入中国，并在基础教育领域悄然走热。这是顺应国际教育发展趋势的大好事，但如果不能正确理解 STEAM 教育的精髓，则会出现"橘生淮南则为橘，生于淮北则为枳"的现象。STEAM 教育不同于传统分科知识教育，它是综合性的探究教育，以提升学生的 STEAM 综合性素养为核心。只有完整地把握和理解 STEAM 教育的内涵与要求，才能科学、合理地实施 STEAM 教育。

一、关于 STEAM 课程的理解

在内容上，STEAM 是科学、技术、工程、艺术和数学五个领域的综合。这种综合不是简单的集合和拼凑，而是围绕一个问题或项目，运用多学科知识解决问题，因此是一种综合性的项目学习。

在形式上，STEAM 是知识、方法、技能、能力、态度和价值观等多元素的综合。没有科学知识为基础就不会有技术的创新。技术的创新没有态度和艺术情感的引导，会缺少创新的动力和创新的价值。所以，STEAM 素养既不单指知识，也不单指创新能力，而是知识、技能、能力、情感、态度和价值观等因素的综合。

在操作策略上，STEAM 课程与分科课程相对。对于它与分科课程的关系有两种认识：一种是以 STEAM 课程取代传统的数学、物理、化学、生物等分科课程，对其内容进行充分整合，组成一门新的 STEAM 课程；另一种是把 STEAM 课程作为一种后设课程，即在分科课程之后设置的课程，指学习者在学习分科课程之后再学习 STEAM 课程。本书编委更倾向于把 STEAM 课程作为分科课程之后的后设课程，是通过对分科课程知识的综合运用，解决实践中的问题，进行科技创新。

在课程设置上，有相关课程、融合课程和核心课程。相关课程是在保留原先分科课程的基础上，寻求五个学科之间的共同点和交叉点，使这些学科能够按照互相照应的顺序进行，五个学科的教师一起备课，看看哪些主题具有相关性，按照相关的主题进行教学。融合课程：要消除分科的界限，将五门学科的知识整合为一个新的领域。这样的课程依托于科学、技术、工程、艺术与数学，内容具有高度的整合性，涉及多个学科，需要一个大的主题单元才能把相关的内容纳入其中。核心课程则是以科技或工程问题为核心，根据解决问题的需要，让学生通过活动，组织所需要的科学、技术、工程、艺术与数学知识，形成连贯的、有组织的课程结构，STEAM 核心课程偏重于知识的综合运用，适宜于在学习分科课程之后进行，它主要是检验知识的运用，培养学生解决问题的能力。

在实施策略上，STEAM 课程也有特定的要求，其核心是探究性。STEAM 课程暗线是科学和数学，明线是技术和工程，价值体现在艺术。科学和数学是技术和工程的原理和基础，技术体现在工程之中。STEAM 课程以基于工程设计的项目为架构，利用工程设计整合课程内容，产生具体项目，把科学、数学的基础知识和技术能力融合在工程项目之中。所以，STEAM 课程的学习是基于问题的探究性学习，强调实践探究与工程设计。这也是 STEAM 中 E（工程）的含义与要求。

二、关于 STEAM 课程的教学

基于对 STEAM 课程的理解，根据综合运用科学、数学和技术的知识解决工程中问题的要求，对 STEAM 的教学也有一些基本的思路，比较典型的有以下几个步骤：

一是发现问题。STEAM 学习是探究性学习，探究必须从问题开始。STEAM 的问题是基于生活情景的真实问题，这个问题可以由教师给定，也可以学习者自己发现。教师给定的属于验证某个结论的问题，这样的探究具有模拟性。学习者发现的问题，如果没有一定的限定条件，与科学家发现问题完全一样。因此，STEAM 的问题既需要开放和创造，也需要一定的限定。教师要在一定的条件下引导学生发现问题，发现问题是 STEAM 的开端。

二是提出假设或设计方案。科学假设是科学理论的一种可能表达。科学研究之所以不是盲目的尝试，就在于它是有根据的，是一个提出假设、求证假设的过程。科学假设是根据已有的科学知识和观察到的事实，对所研究的问题提出的一种猜测性陈述、一种可能性解答。假说是一种猜想，但不同于无端的猜想，它是基于已有的科学知识和新的科学事实做出的一种科学假定，因此，假说是科学性和假定性的统一。提出假设固然要基于科学原理和事实，但假说的提出更需要思维的提炼。对于工程问题而言，提出假设的过程也是制定方案的过程。

三是科学求证或实施方案。假说是否是真理，需要科学验证。这种验证需要收集证据，需要对证据进行分析和验证，需要科学实验，也需要逻辑思维。证据收集是科学求证的第一步。证据可以来自于观察，也可以来自实验，还可以基于科学原理的逻辑推理。求证过程中，需要对证据进行验证，显示其科学性。对于工程问题而言，就是要把设计的方案付诸实施，从而验证方案。如果无法验证或者验证不成功，就需要返回到步骤二，重新提出假说。因此，STEAM 是一种基于证据的学习。

四是得出结论或评估方案。科学假设通过科学求证和数据分析，对假设进行验证：假设是否成立，是否需要修正等，都需要通过科学验证后得出定论。由于科学研究的复杂性，一次实验求证不一定都能得出确定的结论，因此，它需要不断修正方案，不断进行验证，进而不断地修正结论。对于科学研究来说，这个过程看重的是结果，但对于 STEAM 的学习而言，过程比结果重要，因为在过程中培养了学生的探索精神和解决问题的能力。对于工程问题而言，就是要根据方案的实施情况对方案进行评估，验证其效果，进而进行修正和完善。

五是反思分享。从提出问题到得出结论，是科学研究的完整过程。但作为一个教学策略，STEAM 还应该有一个反思分享环节，通过这一环节，学习者对自己发现问题、验证问题和得出结论中的经验和错误做出分析，提炼成功经验，促进解决方法的可迁移性，提升学习迁移能力。同时，与学习者共同的分享交流有助于产生新的观点，发现新的问题。

三、关于 STEAM 教育的类型

当然，STEAM 教育有多种类型，比如有验证型 STEAM、探究型 STEAM、制造型 STEAM、创造型 STEAM 等，不同类型的 STEAM，其教育策略有所不同。不管哪种策略，都要使学习者经历完整的科学研究过程。但 STEAM 作为学生的一种学习方式还不可能完全像科学家那样创新，它需要教师提供一定的典型材料和指导，设计一定的结构化程序。从验证型 STEAM 到创造型 STEAM，研究的成分越来越强，教师的指导会越来越少，学习者的自主性和创造性就会越来越强。STEAM 的学习就是要培养学生的创新能力，实现从验证到创新的突破。

笔者认为，只有厘清了 STEAM 教育的这些关系，才能真正用好这本课程读本。这本课程读本的编写也是笔者基于学习后的认识，有很多研究 STEAM 教育的前辈给了笔者很多启发和经验。希望教师们结合学校实际、结合教师和学生实际，选择恰当的教学主题、教学内容、教学策略，上好 STEAM 课程，培养学生创造创新能力，形成科创素养。

曾亚琼

2021 年 7 月

编写说明

    STEAM 教育于 2006 年起源于美国，并逐步扩展到其他国家。当前世界范围内，英国、韩国、德国、澳大利亚等国家将 STEAM 教育列入国家教育发展战略而实施。2016 年，我国教育部印发《教育信息化"十三五"规划》中明确提出，积极探索信息技术在"众创空间"、跨学科学习（STEAM 教育）、创客教育等新的教育模式中的应用。STEAM 教育在我国教育政策推动下、学界深入研究支撑下、世界其他国家影响下，逐步在我国中小学校落地实施。2017 年颁布的《普通高中课程方案和课程标准》（修订版）集中体现出育人为本、素养为核、情境为场、问题为纲、技术为翼等价值取向和发展趋势。作为跨学科课程的典型代表，STEAM 课程以其开放性、主体性、情境性、关联性、发展性，从其产生便受到全国各中小学（幼儿园）的大力欢迎。

    在"十三五"开局之年，重庆市渝北区便开启了 STEAM 教育的研究与实践，经过数年的发展，也逐渐取得了显著的成果。尤其在教育改革发展的新形势、新挑战、新背景下，重庆市渝北区积极行动，由区教委牵头与西南大学基础教育研究中心签订框架合作协议并开展相关合作，组织区教师进修学院、中小学教师积极开展 STEAM 教育研究，探索 STEAM 教育改革发展的内在规律，也为《中学科创教育 STEAM 课程》和《小学科创教育 STEAM 课程》（以下简称"中、小学科创教育 STEAM 课程"）

的出版打下坚实基础。

《中、小学科创教育 STEAM 课程》作为重庆市"十四五"规划 2021 年重点课题《区域中小学 STEAM 课程体系建构与实施研究》的成果之一，是区域构建的适合中小学 STEAM 教育发展的地方性课程，它通过区域整体推进的方式，搭建能够促进中小学校 STEAM 教育发展的课程内容，在区域中小学发展实际的基础上，提升区域课程领导力，推进区域课程改革。本课程的开发与构建由重庆市渝北区教科所带领，在西南大学基础教育研究中心学术支持与指导下，联合渝北区 22 所 STEAM 课程实验学校和部分非实验学校的一线教师，在过去 5 年的实践探索的基础上共同开发。得到渝北区教委领导的大力支持，并在经费上、制度上予以了充分保障。

《中、小学科创教育 STEAM 课程》共分为《小学科创教育 STEAM 课程》和《中学科创教育 STEAM 课程》两本。整套课程的体系建构由曾亚琼具体负责，西南大学在读博士高鑫、渝北区汉渝路小学尹春莎、中央公园小学陈明艳、暨华中学王敏、两江中学田爽协助，各主题单元项目案例由基层学校一线教师设计。《小学科创教育 STEAM 课程》第一单元《探索发现》中项目一（纸张奥秘）作者余荣伟、项目二（梦幻饮料）作者刘娟、项目三（风向袋）作者曾令华、项目四（隐身的秘密）作者张芳；第二单元《能工巧匠》中项目一（搭建纸桥）作者薛姗、项目二（纸牌船的奥秘）作者刘方、项目三（木结构桥梁搭建）作者黄锡彬；第三单元《机械世界》中项目一（滚动吧，轮子）作者刘蕊、项目二（我的汽车我做主）作者赵青、项目三（我的无人驾驶车）

作者邓红梅、项目四（未来交通工具）作者黄锡彬；第四单元《信息时代》中项目一（追踪电波密码）作者陈明艳、项目二（探秘二维码）作者尹春莎、项目三（玩转APP）作者周飞、项目四（智能稻草人）作者李成瑜；第五单元《节能环保》中项目一（垃圾来源）作者田爽、项目二（垃圾分类）作者田爽、项目三（垃圾处理）作者田爽、项目四（变废为宝）作者罗文。

　　《中学科创教育STEAM课程》第一单元《能工巧匠》中项目一（神奇榫卯）作者何友明、项目二（能工巧匠）作者吴玉蓉、项目三（创意椅子）作者谭莉　游超、项目四（创意书房）作者陈然；第二单元《智慧环保》中项目一（智能垃圾桶）作者蒲彩霞　谢洪、项目二（智能垃圾分类）作者陈登华、项目三（智能垃圾回收站）作者谭超；第三单元《疫情防控》中项目一（病毒来了）作者罗颖、项目二（病毒防护）作者许金平、项目三（大战病毒）作者王敏；第四单元《智能编程》中项目一（智能调光台灯）作者王琦、项目二（智能作曲音乐盒）作者徐登琴、项目三（3D打印之私人订制）作者胡宇；第五单元《放飞梦想》中项目一（放飞梦想）作者张莉　庞玲　游超、项目二（神奇的无人机）作者胡忠庆、项目三（光影艺术）作者孙宇新；第六单元《万能机器人》中项目一（万能的机器人）作者向宇、项目二（穿越迷宫的机器人）作者刘勇、项目三（红外线报警机器人）作者郑兰、项目四（控制机器人的运动——数字信号与模拟信号）作者孙宇新、项目五（无线遥控小车——蓝牙通信技术）作者孙宇新。

　　该套课程将国家课程中的科学课程、综合实践课程、通用技术课程、信息技术课程与科创教育的编程课程、机器人课程、无人机课程、3D 打印课程、创客课程、工程课程、艺术课程、数学课程等学科课程进行了有机整合，与垃圾分类、疫情防控等现实生活进行有机链接，并在遵从不同年级阶段学生特点的基础上，形成了基于问题解决的本土化 STEAM 课程。该课程打破了学科界限和学科壁垒，破解了知识学与用的脱节问题。该课程既有面向全体学生的基础学习项目，又有面向部分拔尖学生的拓展学习项目，更有链接国际国内科创比赛、创新大赛等竞赛类的社团项目和兴趣小组项目。课程既凸显了基础性、层次性、系统性和灵活性的特点，又强调了知识跨界、场景多元、问题生成、批判建构、创新驱动；既体现出课程综合化、实践化、活动化的诸多特征，又反映了课程回归生活、回归社会、回归自然的本质诉求。顺应了课程改革的新趋势，回应了教育改革的真问题。

《中、小学科创教育 STEAM 课程》荟萃了渝北区教委、渝北区教师进修学院、西南大学基础教育研究中心和 22 所 STEAM 课程实验学校（重庆八中、渝北中学、松树桥中学、南华中学、育仁中学、渝北职教中心、实验中学、龙山中学、实验小学、两江小学、渝北巴蜀小学、龙溪小学、花园小学、长安锦绣实验小学、回兴小学、渝开学校、笃信实验学校、空港新城人和街小学、立人小学、锦华学校、古路学校、仁睦完全小学）以及 12 所非实验学校（暨华中学、两江中学、汉渝路小学、中央公园小学、新牌坊小学、数据谷小学、实验三小、五星路小学、空港实验小学、龙山小学、宝圣湖小学、和合家园小学）

等多家单位的研究与实践成果。这些成果凝聚着 STEAM 课程专家、STEAM 课程实验学校相关领导、一线科创教育教师，尤其是 STEAM 课程设计者的辛劳、智慧和心血，在此一并表示衷心感谢！同时，课程编写时也参考了大量的国内外案例，为此，特别向案例的原作者表示深深的感谢！

　　课程编写虽然已经完成，但由于课程中相关案例的设计者多数来自基层学校的普通教师，理论功底多少有些欠缺，专业素养参差不齐，实践经验也存在不足，难免有些疏漏和不尽如意的地方，期望使用该书的师生见谅并多多赐教，我们也会在今后的实践应用中不断修改完善，以飨读者。

编写组

2021 年 12 月 18 日

目录

第一单元　探索发现..............................1

项目一：纸张奥秘..............................2

项目二：梦幻饮料..............................9

项目三：风向袋..............................17

项目四：隐身的秘密..............................26

第二单元　能工巧匠..............................33

项目一：搭建纸桥..............................34

项目二：纸牌船的奥秘..............................40

项目三：木结构桥梁搭建..............................46

第三单元　机械世界..............................54

项目一：滚动吧，轮子..............................55

项目二：我的汽车我做主..............................63

项目三：我的无人驾驶车..............................70

项目四：未来交通工具..............................77

第四单元　信息时代...................................85

项目一：追踪电波密码..........................86

项目二：探秘二维码...........................94

项目三：玩转 APP............................98

项目四：智能稻草人.........................104

第五单元　节能环保...................................113

项目一：垃圾来源............................114

项目二：垃圾分类............................118

项目三：垃圾处理............................123

项目四：变废为宝............................128

世界上所有美好的事物都是创造力的果实。

——米尔

第一单元　探索发现

　　只要世界还存在未知的奇妙，就永远有探索与发现的意义！本单元课程主要通过学生对身边生活环境、物质现象进行观察、触摸、探究，去认识世界、发现世界的奥秘，激发学生探索周围世界的兴趣，寻找探索的好奇心与发现的乐趣，培养学生创新思维与创造能力。

项目一：纸张奥秘

？━━ 细心观察

　　纸最早出现于西汉时期，后来由东汉时期蔡伦在前人的基础上，通过技术进行改造，对世界文明的发展与传播起到了决定性的作用。随着历史的发展和演变，纸张的用途、种类、特征都发生了翻天覆地的变化。据统计，现在世界上有12000多种不同用途的纸，比如有牛皮纸、宣纸、玻璃纸、宣传纸、皱纸、打印纸、手工纸、过滤纸、瓦楞纸、吹塑纸，等等。这些纸张各有各的用途，满足了人类各方面的需求，那到底这些纸张里面蕴含着怎样的奥秘呢？

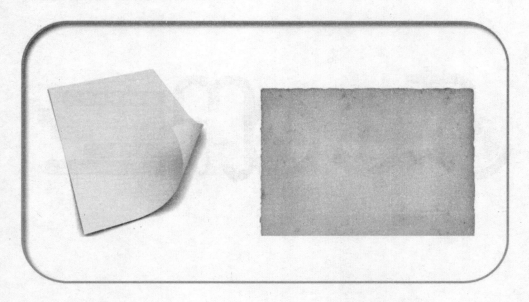

活动卡片

根据古人制作纸张的方法，利用身边的材料，我们也来制作一些简单的纸。这一课，需要我们去了解古人制作纸张的方法，包括制作的原材料、制作方法和过程。

活动准备

1. 组建团队

你准备如何制作纸张，与同学交换看法，找到志同道合的伙伴组成制作团队。

2. 知识储备

（1）纸的出现

最早在 2200 年前，西汉初期就已有了纸，但当时的纸还是很粗糙，不被广泛应用。公元 105 年，东汉蔡伦改进后，被认为是现代造纸术的鼻祖。

（2）纸的构造

造纸的原料主要是植物纤维，原料中除含有纤维素、半纤维素、木素三大主要成分外，尚有其他含量较少的成分，如树脂、灰粉等，此外还有硫酸钠等辅助成分。

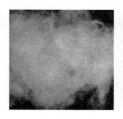

（3）纸的分类

①按生产方式分为手工纸和机制纸。

②按纸张的厚度和重量分为纸和纸板。

③按用途可分为：包装用纸、印刷用纸、工业用纸、办公用纸、文化用纸、生活用纸和特种纸。

④现代工业纸的制造过程如下。

造纸厂一般需贮存足够用 4～6 个月的原料，使原料在贮存中经过自然发酵，以利于制浆，同时保证纸厂的连续生产。经备料工段把芦苇、麦草和木材等原料切削成料片（供生产化学浆）或木段（供生产磨木浆），再把小片原料放到蒸煮器内并加入化学药液，用蒸汽进行蒸煮，把原料煮成纸浆，或把木段送到磨木机上磨成纸浆，也可经过一定程度的蒸煮再磨成纸浆。然后用大量清水对纸浆进行洗涤，并通过筛选和净化把浆中的粗片、节子、石块及沙子等除去。再根据纸种的要求，用漂白剂把纸浆漂到所要求的白度，接着利用打浆设备进行打浆。然后在纸浆中加入改善纸张性能的填料、胶料、施胶剂等各种辅料，并再次进行净化和筛选，最后送上造纸机经过网部滤水、压榨脱水、烘缸干燥、压光卷取，并进行分切复卷或裁切生产出卷筒纸和平板纸。如果生产要生产涂布印刷纸，则需要干燥中部或生产成卷筒纸后经涂布加工而实现。

除以上基本过程外，还包括一些辅助过程，如蒸煮液的制备、漂液的制备、胶料的熬制及蒸煮废液和废气中的化学药品与热能的回收等。

3. 材料准备

废旧报纸、旧棉花等。

创客实践

1. 任务聚焦

将任务分解成若干需要完成的小任务，再把小任务分解成一个个具体的步骤，合理安排，做一个周密的计划，参考下面的"任务分解表（模板）"来设计自己小组的任务分析表。

任务分解表（模板）

任务分解	制作步骤	注意事项
任务一：	第一步：	
	第二步：	
任务二：	第一步：	
	第二步：	
任务三：	第一步：	
	第二步：	

2. 设计方案

参考制作纸张的方法，结合自己对制作纸张的理解，将你想要制作的纸张设计出来。

活动指引卡

画出制作纸张的简单过程要点及步骤。

3. 尝试制作

根据设计方法和步骤，尝试自己制作出纸来。

4. 改进完善

分小组讨论在制作过程中存在的问题，应该如何进行改进。根据讨论的结果对初步设计的方案进行优化，并根据此方法制作出较为优质的纸张。

讨论记录

问题一：_____

影响因素：_____

优化改进方法：_____

_____

问题二：_____

影响因素：_____

优化改进方法：_____

_____

问题三：_____

影响因素：_____

优化改进方法：_____

活动指引卡

可以从纸张外观、质地、坚韧度、是否可以正常书写等方面分析。

5. 制造创新

我们制作出了比较优质的纸张，但是还不是很完美，我们能不能从纸张的材料、颜色等方面去"延伸""增加""调整""代替""改善"？

纸张奥秘		
延伸	我把材料替换成_____	这样纸张就能变成_____
增加	我把材料增加_____	这样纸张就能变成_____
调整	我把材料调整成_____	这样纸张就能变成_____
代替	我用其他材料代替成_____	这样纸张就能变成_____
改善	我对材料进行改善成_____	这样纸张就能变成_____

 **成果分享**

通过学习纸张的相关知识，自己动手制作纸张，相信你已经对纸张的奥秘有比较深刻的理解，从中获得了不少的感悟。请把这些内容整理出来，以创客手记、PPT、微视频、作品展示的形式呈现出来，与同学们和老师一起分享！

 **反思评价**

评价内容	自我评价 （ABCD）	组内点评 （ABCD）	教师评价 （ABCD）
创新精神			
问题意识			
自主学习能力			
创新创造能力			
合作意识			
任务完成度			
自我反思：			

 拓展探究

在我们这节课造纸的基础上，在抄纸环节加入花草，再次浇浆，使花草嵌入纸中，便成了一张美丽的花草纸。你想创作一张什么样的花草纸，请从图案、材料、创新等方面思考并尝试制作一张花草纸吧！造好的花草纸也有很多用处：装饰、制作封面、做灯笼等……除了花草纸，你还想造一张什么样的纸呢？充分发挥你的聪明才智吧！

花草纸　　　　　　　　花草灯笼　　　　　　　　花草本

（2）碳酸饮料

碳酸饮料（汽水）类产品是指在一定条件下充入二氧化碳气体的饮料。碳酸饮料，主要成分包括：碳酸水、柠檬酸等酸性物质，白糖香料，有些含有咖啡因、人工色素等。

（3）功能饮料

功能饮料是指通过调整饮料中营养素的成分和含量比例，在一定程度上起到调节人体功能效果的饮料。据有关资料对功能性饮料的分类，认为广义的功能饮料包括运动饮料、能量饮料和其他有保健作用的饮料。

（4）茶饮料

茶饮料是指用水浸泡茶叶，经抽提、过滤、澄清等工艺制成的茶汤或在茶汤中加入水、糖液、酸味剂、食用香精、果汁或植（谷）物抽提液等调制加工而成的制品。

（5）含乳饮料

含乳饮料是指以鲜乳或乳制品为原料，经发酵或未经发酵加工制成的制品。分为乳饮料分为配制型含乳饮料和发酵型含乳饮料。

（6）咖啡类饮料

咖啡是用经过烘焙磨粉的咖啡豆制作出来的饮料。分为速溶咖啡、拿铁、美式、摩卡等。

（7）酒饮料

用高粱、米、麦或葡萄等发酵制成的含乙醇的饮料。含白酒、红酒、啤酒、葡萄酒等。

饮料的分层有以下几类。

分层：两种不同的液体没有溶合在一起，是分开的，这种现象叫作分层。

密度与浮力的关系：密度大的物体会下沉，密度小的物体会上浮。

密度：在相同体积的水中，溶在里面的糖越多，糖水的密度越大。

3. 材料准备

饮料杯、白糖、食用色素等。

 **创客实践**

1. 任务聚焦

将任务分解成若干需要完成的小任务，再把小任务分解成一个个具体的步骤，合理安排，制定一个周密的计划，参考下面的"任务分解表"来设计自己小组的任务分析表。

任务分解表（模板）

任务分解	制作步骤	注意事项
任务一：	第一步：	
	第二步：	
任务二：	第一步：	
	第二步：	

2. 设计方案

探索两种颜色饮料分层的方法，结合所学的有关分层、密度与浮力关系的知识，将你想要制作的多层梦幻饮料设计出来。

活动摘引卡

画出探索两种颜色饮料分层以及制作多层梦幻饮料的简单过程和步骤。

3. 尝试制作

根据设计方法和步骤，尝试自己制作出梦幻饮料来。

4. 改进完善

分小组讨论在制作过程中存在的问题，应该如何进行改进。根据讨论的结果对初步设计的方案进行优化，并根据此制作出较为完美的梦幻饮料。

讨论记录

活动指引卡

可以从饮料的颜色搭配，层次多少，分层是否清晰等方面分析。

问题一：_____

影响因素：_____

优化改进方法：_____

_____

问题二：_____

影响因素：_____

优化改进方法：_____

_____

问题三：_____

影响因素：_____

优化改进方法：_____

5. 制造创新

我们制作出了多层梦幻饮料，但是还不是很完美，我们能不能从饮料的材料、颜色等方面去"延伸""调整""替换""增加"？

梦幻饮料		
延伸	我们把材料延伸成_____	
	这样就能_____	
调整	我们把颜色调整成_____	
	这样饮料就能_____	
替换	我们把白糖替换成_____	
	这样就能_____	
	我们把食用色素替换成_____	
	这样可以_____	
增加	我们把材料增加_____	
	这样饮料就能变成_____	

 成果分享

通过学习饮料、密度、浮力的相关知识，自己动手制作梦幻饮料，相信你已经对梦幻饮料有比较深刻的理解，从中获得了不少的感悟。请把这些内容整理出来，以创客手记、PPT、微视频、作品展示的形式呈现出来，与同学们和老师一起分享！

 **反思评价**

评价内容	自我评价 （ABCD）	组内点评 （ABCD）	教师评价 （ABCD）
创新精神			
问题意识			
自主学习能力			
创新创造能力			
合作意识			
任务完成度			
自我反思：			

 **拓展探究**

现代社会，人们的健康意识越来越强，如何根据不同人的不同需求来定制饮料，则是我们可以关注的问题。我们可以通过今天学到的技巧，去尝试制作更多的美味、健康、更具个性化的私人定制的饮料。

梦幻饮料有着梦幻般的色彩，这些梦幻色彩应用到了我们生活中的方方面面，让我们的生活更加美好！

项目三：风向袋

 **细心观察**

在生活中，同学们对风十分熟悉，在天气预报中对"风向""风力"等词也曾有所耳闻。风是描述天气状况的一个量。风向袋是指示风向和大致表示风速的装置。

它用于指示风向、提供风速参考。风向袋广泛应用于航空、石油、天然气、气象、化工、环保、农业、油田勘探等行业。风向袋有这么多的作用，同学们想不想亲自设计制作做一个简易风向袋，并用它来测一测风向呢？

活动卡片

本课要引领同学们知道风向的不同，风吹来的方向是风向。会利用简单的几何图形知识、设计制作风向袋，并且估算风向袋大小喻木棍长短的比例，统筹安排时间。最终学会设计制作风向袋并用其测风向。

 活动预备

1. 组建团队

你准备如何设计、制作风向袋，与同学交换看法，找到志同道合的伙伴组成制作团队。

2. 知识储备

风向：是指风的方向，也就是风吹来的方向。我们在数学课里学过方向的相关知识，风也有方向，而且有八个，分别是东、南、西、北、东北、东南、西南、西北。

风向袋的组成：风向袋由轴承风动系统、风杆和悬于一定高度风杆顶的圆锥形布袋组成。简易风向袋一般包括棍子、袋子、线等。

风向袋的工作原理：有风时风吹进袋口，使锥底指示风的去向；布袋的倾角越小，表示风速越大。袋上有红白相间的条纹，便于相关工作人员了解风向和风速。

3. 材料准备

指南针、《风向实验记录表》、棍子、细铁丝、粗铁丝、尖嘴钳、尼龙纱巾或其他较轻的纺织品、塑料绳、针线、双面胶、水彩笔等材料和工具。

 **创客实践**

1. 任务聚焦

将任务分解成若干需要完成的小任务，再把小任务分解成一个个具体的步骤，合理安排，制定一个周密的计划，参考下面的"任务分解表（模板）"来设计自己小组的任务分析表。

任务分解表（模板）

任务分解	制作步骤	注意事项
任务一：	第一步：	
	第二步：	
	第三步：	
任务二：	第一步：	
	第二步：	
任务三：	第一步：	
	第二步：	

2. 设计方案

根据自己选择的材料和喜好，在图纸上设计风向袋，并在上面画上自己喜欢的图案。

3. 尝试制作

（1）制作

根据设计图纸画图、裁剪。（使用剪刀、针线等要注意安全。）

（2）缝制口袋

用尼龙纱巾缝一个圆锥形口袋，袋口直径约 10 厘米，袋长 40 ～ 50 厘米。（也可自己根据实际情况灵活调整比例）

（3）缝制袋口

用细铁丝做一个和袋口一样大小的圆圈，用针线把细铁丝固定在袋口处，把袋口撑开。

（4）套线

剪下 4 根长约 10 厘米的塑料绳，在袋口边缘分别扎 4 个小洞。将 4 根塑料绳的一头分别穿过 4 个小洞，绑在铁丝圈上，另一头绑在一起，打一个结实的绳结。

（5）做、套滑动环

拿一根细铁丝，在离棍子顶端 10 厘米处缠 2～3 圈，不要缠太紧，做一个可以在棍子上自由滑动的细铁丝圈。离细铁丝圈上下各 1～2 厘米处，用尖嘴钳把粗铁丝在棍子上紧紧缠绕 3～4 圈，这样细铁丝圈就只能在缠紧的粗铁丝圈之间上下滑动。再剪下一根 15 厘米长的塑料绳，一头绑在之前打好的绳结上，另一头绑在棍子的细铁丝圈上，把口袋系在棍子上。（与前几个步骤同时进行，统筹安排，节约时间）

4. 利用风向袋测风向实验

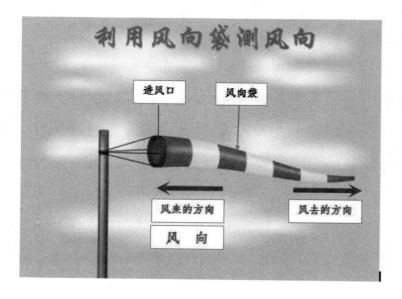

（1）用电风扇的风模拟自然界的风

（2）调整风向图的方向

移动风向图，让风向图中的指北箭头与指南针的指北方向一致。

（3）风向袋测风向实验

①制作好之后，拿着自己的风向袋到电风扇处对准袋口吹风。（注意调整进风角度）

②观察电风扇上标注的东西南北的准确方位。

③观察在 1～2 分钟里，风向袋飘动的方向。在这段时间里，风向袋指向哪个方向的时间最长，那么该方向的反方向便是当时的风向。例如风向袋飘向西方，说明风从东面吹来，此时便是东风。

④进行风向记录。风向的表示：北风、东风、南风、西风、东南风、东北风、西南风、西北风。

⑤实验感悟。

5. 改进完善

分小组讨论在制作、实验过程中存在的问题，应该如何进行改进。根据讨论的结果对初步设计的方案进行优化，并根据此制作完善自己的风向袋，提升实验效果。

讨论记录

活动指引卡

可以从材料的选择、袋口直径与袋长的比例、小组分工配合、风向袋的进风角度等方面进行分析。

问题一：_____

影响因素：_____

优化改进方法：_____

_____

问题二：_____

影响因素：_____

优化改进方法：_____

_____

问题三：_____

影响因素：_____

优化改进方法：_____

_____

6. 制造创新

我们制作出了简易、方便的风向袋，但还不是很完美，我们能否从材料、制作、外观、功能等方面进行改进与创新？

风向袋创新		
材料创新	（增、减或替换材料等创新）	
制作创新	（制作方法、大小比例调整等创新）	
外观创新	（形状、外观美化等创新）	
功能创新	（附加或改进其功能）	

成果分享

　　通过学习风向袋的相关知识，自己动手设计、制作风向袋，相信你已经对风向袋有了比较深刻的理解，从中获得了不少感悟。请把这些内容整理出来，以创客手记、PPT、微视频、手抄报、作品展示等形式呈现出来，与同学们、老师一起分享！

 **反思评价**

评价内容	自我评价 （ABCD）	组内点评 （ABCD）	教师评价 （ABCD）
创新精神			
问题意识			
自主学习能力			
创新创造能力			
合作意识			
任务完成度			
自我反思：			

 **拓展探究**

　　运用我们语文课上学过的介绍一种事物的习作方法，把风向袋的制作、实验过程介绍给我们身边的人，让更多的人了解它、学会运用它！除了这些，生活中还有哪些运用风能解决的现实问题？又是如何应用风能的呢？

项目四：隐身的秘密

细心观察

　　大自然是非常美好和神奇的，自然界中的许多动物都会通过一些手段保护自己，保护色就是一种常见的自我保护方式。保护色是指动物具有与环境色彩相似的体色。人类也常常从各种生物的生存方式中汲取灵感，例如，迷彩服的设计灵感就是从动物的保护色中获得的。这些迷彩服各有各的用途，满足了人类军事上隐身伪装的需求，那到底这些迷彩服里面蕴含着怎样的隐身奥秘呢？

活动卡片

　　根据动物保护色的方原理，利用身边的一些材料，我们也来制作一些简单的隐身服。这一课需要我们去了解传统军事隐身术：视觉伪装，包括脸部伪装、衣着伪装和武器装备伪装。

活动预备

1. 组建团队

　　你准备如何制作"隐身服"？与同学交换看法，找到志同道合的伙伴组成制作团队。

2. 知识储备

　　视觉伪装：视觉伪装是通过服装和体表的覆盖物来使伪装者融入或无限接近于周围的环境，以欺骗敌方肉眼的侦察。军事上的视觉伪装包含脸部伪装、衣着伪装、武器装备伪装。

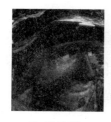   

脸部伪装　　　　衣着伪装　　　　武器伪装　　　　水中伪装的两栖战车

（1）脸部伪装

　　出于任务上的隐蔽性，军人在脸部涂上迷彩，是为了更好地伪装自己融入环境，有利于躲避光学侦查；其次，在现代战争中部分油彩具有一定防红外侦测的功能，有利于逃避热成像仪的搜索；最后，部分油彩可以起到防蚊虫的效果。

（2）衣着伪装

迷彩服是军人作战的必备服装，它同样具有伪装性。迷彩服的伪装原理，就是利用深浅不一的色块干扰观察者，弱化人体的外部轮廓。

（3）武器装备也需要"隐身"

除了要伪装自己本身之外，武器、装备的伪装也尤为重要，可以躲避和偷袭敌人。

2. 材料准备

伪装油彩、珍珠棉、编织袋、布等。

创客实践

1. 任务聚焦

军事隐身即军事伪装，是通过模糊对象与环境的边界而使其融入周围环境，从而达到减少对象被发现与攻击的危险。

任务分析：我们模拟雪地、树林、海水山地等不同场景，学生分析场景特点，并制定隐身方案，设计和制作隐身服。

任务：分析场景特点，制作隐身服。

任务分解表（模板）

任务分解	制作步骤	注意事项
任务一：	第一步：	
	第二步：	
任务二：	第一步：	
	第二步：	
任务三：	第一步：	
	第二步：	

2. 设计方案

参考动物保护色的原理，结合自己对伪装术的理解，将你想要制作的隐身服设计出来。

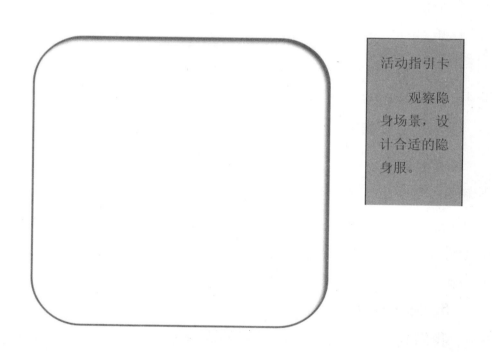

活动指引卡

观察隐身场景，设计合适的隐身服。

3. 尝试制作

根据设计方法和步骤，尝试自己制作出隐身服来。

4. 改进完善

分小组讨论在制作过程中存在的问题，应该如何进行改进。根据讨论的结果对初步设计的方案进行优化，并据此制作出较为完美的隐身服。

讨论记录

活动指引卡

做任务时需要认真观察隐身场景，客观分析暴露原因，有针对性地设计并制作隐身服。

问题一：_____

影响因素：_____

优化改进方法：_____

_____

问题二：_____

影响因素：_____

优化改进方法：_____

_____

问题三：_____

影响因素：_____

优化改进方法：_____

5. 制造创新

我们制作出了适应不同场景的隐身服，但是还不是很完美，我们能不能从制作的材料、颜色等方面去"延伸""增加""调整""代替""改善"？

隐身的秘密

延伸	我们把材料延伸成_____
	这样就能_____
调整	我们把制作的方法调整成_____
	这样就能_____
替换	我们把编织袋替换成_____
	这样就能_____
	我们把订书钉替换成_____
	这样就能_____
增加	我们把材料增加_____
	这样隐身服就能_____

 **成果分享**

通过学习保护色的相关知识，自己动手制作隐身服，相信你已经对隐身的秘密有比较深刻的理解，从中获得了不少的感悟。请把这些内容整理出来，以创客手记、PPT、微视频、作品展示的形式呈现出来，与同学们和老师一起分享！

 **反思评价**

评价内容	自我评价 （ABCD）	组内点评 （ABCD）	教师评价 （ABCD）
材料创新			
制作创新			
外观创新			
功能创新			
合作意识			
任务完成度			
自我反思： 			

 **拓展探究**

　　在我们生活的这个世界中，隐身的秘密远不止这些，等着你们去探索、去发现。各种各样的隐身服都是利用不同的技术手段来降低或实现不被敌方肉眼、红外线等侦察到，我们可以选择自己感兴趣的隐身服，通过查阅资料，了解隐身的原理和方法，并尝试制作。

第二单元　能工巧匠

　　动手操作能力的培养是创新教育的需要，更是人才培养的必需。"工匠精神"代表着耐心、专注、专业、敬业、坚持、一丝不苟，追求完美。本单元从纸桥的搭建再到木结构桥的建造，学生通过动手实践一步一步用工匠精神提升自己。

项目一：搭建纸桥

？ **细心观察**

　　重庆历来有许多别称，如山城、江城、雾都等，如今又多了一个别称，那就是中国的"桥都"。重庆既是山城，又是江城，山水相间的独特地貌，靠什么来跨越连接呢？请同学们认真观察以下桥梁，看看你能从中发现点什么？

活动卡片

重庆之所以被称为桥都，不仅是因为桥的数量多、类型全、造型美，重庆桥梁的建设设计制造能力也是重要原因。每一座漂亮的桥，都是从设计开始的。

 活动准备

1. 组建团队

以 6 人为一小组，分工合作搭建纸桥，其中设计师 2 名，操作员 2 名，材料员 1 名，观察员 1 名。

2. 知识储备

在现代桥梁中，如果按受力特点来分，大致可以分为梁式桥、拱式桥、悬索桥、斜拉桥这几大类。

（1）梁式桥

用梁或桁架梁作主要承重结构的桥梁。其上部结构在铅垂向荷载作用下，支点只产生竖向反力。梁式桥为桥梁的基本体系之一，制造和架设均比较方便，使用广泛，在桥梁建筑中占有很大的比例。

（2）拱式桥

拱式桥是用拱作为桥身主要承重结构的桥。拱桥主要承受轴向压力，可用砖、石混凝土等抗压性能良好的材料建造。

(3) 悬索桥

悬索桥又名吊桥，指的是以通过索塔悬挂并锚固于两岸（或桥两端）的缆索（或钢链）作为上部结构主要承重构件的桥梁。从缆索垂下许多吊杆，把桥面吊住，在桥面和吊杆之间常设置加劲梁，同缆索形成组合体系，以减小荷载所引起的挠度变形。

(4) 斜拉桥

又称斜张桥，是将主梁用许多拉索直接拉在桥塔上的一种桥梁，可看作是用拉索代替支墩的多跨弹性支撑连续梁。这种结构可使梁体内弯矩减小，降低建筑高度，减轻了结构重量，节省了材料。

动手实操

1. 任务聚焦

小组内拟定想要搭建的纸桥类型。

想要搭建一座完整的纸桥，首先要了解这种类型的桥的基本构成。从受力特点来看，你们小组要搭建的纸桥包含哪些组成部分？

桥梁的组成

桥的类型	桥的组成	桥的形状
梁式桥		
拱式桥		
悬索桥		
斜拉桥		

2. 材料准备

①　搭建材料：5 张 A4 纸、固体胶、透明胶带。

②　搭建工具：直尺、剪刀、小刀。

③　搭建要求：桥梁跨度为 15 厘米，能承重 5 个钩码。

④　搭建时间：20 分钟。

3. 设计方案

第　　　小组纸桥承重报告单

搭建前	设计草图

大家先在小组内商量要搭建什么类型的纸桥，这种类型的纸桥由哪些部分组成，并在报告单上画好设计草图。

4. 尝试搭建

小提示：按设计好的草图处理材料，可以对纸进行任意的卷折剪裁黏贴；然后，将各个部分组合搭建起来。时间有限，小组内既要有分工，也要有合作，才能高效地完成纸桥搭建。

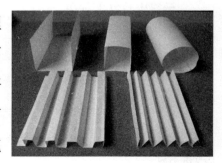

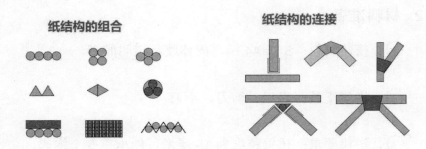

 **成果分享**

恭喜搭建成功并通过称重测试的小组！你们通过改变纸的结构和形状，注意纸结构的组合来搭建纸桥，并在结构的连接上也挺有新意。请把这些内容整理出来，与同学们和老师一起分享！

 **反思评价**

评价内容	自我评价（ABCD）	组内评价（ABCD）	教师评价（ABCD）
搭建中有分工合作			
纸桥搭建结构完整			
纸桥搭建承重能力			
搭建创新创造能力			

存在问题：＿＿＿＿＿＿＿＿＿＿＿＿＿＿＿＿＿＿＿＿＿＿＿＿＿＿＿

影响因素：＿＿＿＿＿＿＿＿＿＿＿＿＿＿＿＿＿＿＿＿＿＿＿＿＿＿＿

改进方法：＿＿＿＿＿＿＿＿＿＿＿＿＿＿＿＿＿＿＿＿＿＿＿＿＿＿＿

探究优化

　　同学们可以在课后根据自己的反思与总结，优化自己的纸桥设计，完善自己纸桥搭建，也可以将作品在班级里进行展示。

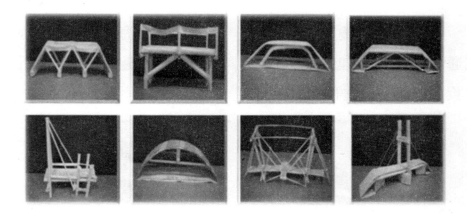

项目二：纸牌船的奥秘

细心观察

　　船是海上运输的必要工具，本项目营造海上运输情境，尝试通过使用纸牌建造船只，让学生了解工程建造领域中设计、实验、反思与改进的思维模式。

活动预备

　　1. 活动卡片：

　　　　根据已有的材料和工具，画出简单的纸牌船设计图，标明各部分的尺寸和工艺等；使用简单工具将纸牌制作成一只船，纸牌船应不易侧翻或变形，有一定载重能力、防水能力；在制作或展示和讲解的过程中，能够以团队分工的方式进行，每个学生都有自己的任务。

2. 组建团队

你想用 10 张纸牌制作一条什么样的小船？请孩子们自己寻找伙伴，明确各自分工。

3. 知识储备

人骑坐在一根圆木上，就可以顺水漂浮；如果他还握着一块木片，就可以向前划行。如果把那根圆木掏空，人就可以舒适地坐在里面，并能随身携带自己的物品。这就是人们创造的最早的船——独木舟。以后人们又逐步学会了就地取材，制造了简单、平稳、装载面积较大的筏。筏的种类较多，有木筏、竹筏、皮筏等。

（1）船的发展

独木舟之后，人们又在长期航行的实践中，创造了利用风力行驶的船——帆船。初期的帆不能转动，只有顺风时才能使用，逆风就只有落帆划桨。后来人们在航行的实践中逐步发现，即使不顺风，只要使帆与风向成一定的角度，帆上还是能受到推船前进的风力，于是人们又创造了转动帆，在逆风的情况下，船也能前进。

（2）船的结构

船舶构造是由船壳、船体、骨架、甲板、船舱和上层建筑所组成。船壳又称船壳板、船的外壳，它包括船侧板和船底板。船体的几何形状是由船壳板的形状决定的。船体承受的纵向弯曲力、水压力、波浪冲击力等各种外力首先作用在船壳板上。

船体骨架是由龙骨、旁龙骨、肋骨、龙筋、舭龙骨、船首柱和船尾柱构成，它们共同组成了船舶骨架。甲板位于内底板以上的平面结构，用于封盖船内空间，并将其水平分隔成层。甲板是船梁上的钢板，将船体分隔成上、中、下层。

3. 材料准备

若干张纸牌、若干硬币、一个订书机、一个胶卷、若干个水槽或水箱、一把剪刀、一卷透明胶等。

创客实践

1. 任务聚焦

将任务分解成若干需要完成的小任务，再把小任务分解成一个个具体的步骤，合理安排，制定一个周密的计划，参考下面的"任务分解表（模板）"来设计自己小组的任务分析表。

任务分解表（模板）

任务分解	制作步骤	注意事项
任务一：	第一步：	
	第二步：	
任务二：	第一步：	
	第二步：	
任务三：	第一步：	
	第二步：	

2. 设计方案

根据量化表和学习单设计方案制作纸牌船。

各组学生自由设计，尝试制作一只小船。

3. 改进完善

分小组讨论在制作过程中存在的问题，应该如何进行改进。根据讨论的结果对初步设计的方案进行优化，并根据此制作出较为完美的纸牌船。

讨论记录

问题一：_____

影响因素：_____

优化改进方法：_____

_____

问题二：_____

影响因素：_____

优化改进方法：_____

_____

问题三：_____

影响因素：_____

优化改进方法：_____

_____

5. 制造创新

我们制作出了纸牌船，但是还不是很完美，我们能不能从船的材料、颜色等方面去"延伸""调整""替换""增加"？

纸牌船	
延伸	我们把材料延伸成＿＿＿＿＿＿＿＿＿＿＿＿＿＿＿
	这样就能＿＿＿＿＿＿＿＿＿＿＿＿＿＿＿＿＿＿＿
调整	我们把形状调整成＿＿＿＿＿＿＿＿＿＿＿＿＿＿＿
	这样船就能＿＿＿＿＿＿＿＿＿＿＿＿＿＿＿＿＿＿
替换	我们把订书钉替换成＿＿＿＿＿＿＿＿＿＿＿＿＿＿
	这样就能＿＿＿＿＿＿＿＿＿＿＿＿＿＿＿＿＿＿＿
	我们把硬币替换成＿＿＿＿＿＿＿＿＿＿＿＿＿＿＿
	这样可以＿＿＿＿＿＿＿＿＿＿＿＿＿＿＿＿＿＿＿
增加	我们把材料增加＿＿＿＿＿＿＿＿＿＿＿＿＿＿＿＿
	这样纸牌船就能变成＿＿＿＿＿＿＿＿＿＿＿＿＿＿

 成果分享

①展示本组的作品，汇报设计意图、制作的过程与结果（包括分工情况、创新之处、对实际载重量不及猜想的解释和碰到但没解决的问题等）；

②其他小组进行提问，汇报小组解答。

 **反思评价**

评价内容	自我评价 （ABCD）	组内评价 （ABCD）	教师评价 （ABCD）
稳定性			
防水性			
载重性			
合作意识			
创新创造能力			
自我反思：			

 拓展探究

　　纸牌船的奥秘有很多，今天这节课我们探索出了静态船的奥秘，如何才能让纸牌船航行起来呢？是否可以利用风能、电能等？试着让你的纸牌船航行起来吧！

项目三：木结构桥梁搭建

🔍 **细心观察**

　　我国桥梁建造历史悠久，与我们的生活息息相关。横跨在两地的桥梁，不仅是交通工程的咽喉、各种道路工程的关键节点，也是一座立体的造型艺术工程，往往成为一个城市和地区的标志性建筑，还是内化于人们的成长和历史脉络深处的情感链接，能建成一座经得起时间洗礼的桥是一项非常值得骄傲的工程。一座怎样的桥才能经得起时间的洗礼？如何让桥更坚固和稳定？

活动预备

1. 组建团队

你准备如何设计制作这座木结构桥梁模型？与同学交换看法，找到志同道合的伙伴组成制作团队。

2. 知识储备

建筑结构是由建筑材料做成的空间受力体系，是用来承受各种荷载作用的骨架结构。

建筑结构的特性：安全性、适用性、耐久性。

请观察桥梁图片，什么结构特点让桥梁更稳定？如何提高桥梁的稳定性？

桥梁可以按建造的材料分类分为木桥、圬工桥、钢筋砼桥、预应力桥、钢桥。按用途分为公路桥、公铁两用桥、人行桥、机耕桥、过水桥等。按行车道位置分为：上承式桥、中承式桥、下承式桥。按使用年限可分为：永久性桥、半永久性桥、临时桥。不管怎么分类，桥梁作为建筑结构物，最重要的都是安全、适用和耐久。桥梁按受力结构分类：梁桥、拱桥、桁架桥、斜拉桥、悬索桥等五大基本体系。桥梁的受力结构决定桥梁的稳固。

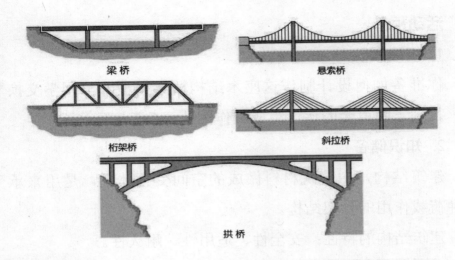

梁桥

悬索桥

桁架桥

斜拉桥

拱桥

创客实践

1. 任务聚焦

根据桥的受力结构原理，利用提供的材料，设计并搭建一座跨度为 30 厘米，高不低于 8 厘米的桥梁模型，承重效果好，并为其命名。

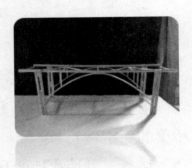

　　将任务分解成若干需要完成的小任务，再把小任务分解成一个个具体的步骤，合理安排，制定一个周密的计划，参考下面的"任务分解表（模板）"来设计自己小组的任务分析表。

任务分解表（模板）

任务分解	制作步骤	注意事项
任务一：	第一步：	
	第二步：	
任务二：	第一步：	
	第二步：	
任务三：	第一步：	
	第二步：	

2. 设计方案

活动指引卡

画出桥梁称重的几个主要组成部分

参考现实生活中的各种结构桥梁，结合本节课所学知识，将你设想的桥梁画出来。

3. 尝试制作

根据设计图和步骤，各小组合作设计制作桥梁模型。

材料：木条 10 根、美工刀 1 把、量尺 1 把、砂纸 1 张、502 胶水 1 瓶、502 引流管、长尾票夹 3 个、护目镜、操作板。

注意操作安全：

①使用 502 胶水请戴上护目镜，防止胶水入眼。

②正确使用美工刀，防止美工刀割伤或划

伤人。

③操作时，注意尖锐物品勿伤自己和同伴。

4. 改进完善

小组讨论在制作、测试过程中存在的问题，应该如何进行改进。根据讨论的结果对初步设计的方案进行优化，制作出更为完善的桥梁模型。

讨论记录

活动指引卡

可以从桥梁结构是否稳定，承重能力是否够强，外观及成本等方面分析。

问题一 ：_____
影响因素：_____
优化改进方法:_____

问题二 ：_____
影响因素：_____
优化改进方法_____

问题三 ：_____
影响因素：_____
优化改进方法_____

5. 制造创新

我们制作并完善了桥梁，但桥梁的稳定和美观还不是很完善。同学们可以从外观、结构等方面去"增加""调整""代替"和"改进"。完善自己的作品，完善思路如下表所示。

木结构桥梁	
替换	我把材料替换成 _____ 这样桥梁就能 _____
结合	我把桥梁结合 _____ 这样桥梁就能 _____
加入	我在桥梁中加入 _____ 这样桥梁就更 _____
调整	我调整桥梁的 _____ 让本来的桥梁就能 _____
用作其他用途	我把桥梁用作 _____ 让桥梁具备 _____ 的新功能
去除	我去除了桥梁的 _____ 这样桥梁就能 _____
逆转或重新排序	如果桥梁不是 _____，是 _____，就会 _____

成果分享

　　通过桥的相关知识的学习，设计并动手制作桥梁模型，相信你已经认识了一些建筑工程、桥梁结构方面的知识，也从中获得了不少感悟。请将这些内容整理一下，以创客手记、PPT、微视频、作品展示等你喜欢的方式呈现出来，与同学和老师一起交流分享。

 反思评价

评价内容	自我评价（ABCD）	组内点评（ABCD）	教师评价（ABCD）
创新精神			
问题意识			
自主学习能力			
创新创造能力			
合作意识			
任务完成度			
自我反思：			

 拓展探究

　　中国桥梁建造历史悠久，建造技术更居世界前列，中国现存几百年上千年的木桥也有上百座，为什么这些木桥经久不衰？怎么选用最少的材料，来承受最大的重量？这些科学之谜需要你们不断探索。

　　请观察生活中建造在各个地方、各式各样的桥，他们有什么不同？选择你喜欢的材料，搭建最稳定和承受力更大的桥吧！现在有同学用木条制作出 25 克重的桥承重能够达到 110 公斤；还有建筑大师们的奇思妙想和设计，你能超越他们吗？

第三单元　机械世界

　　机械是人类生产和生活的基本要素之一，是人类物质文明最重要的组成部分。汽车、飞机、电视机、火箭、机床、计算机等机械的发明都极大地改变了人类的生产方式和生活方式。本单元课程主要通过学生对生活中非常重要的交通工具：汽车的历史、结构、动力原理的了解，结合自己的探索与发现，去认识汽车、设计汽车，并充分发挥创新思维，设计充满未来科技感的交通工具，培养学生在设计制造方面的创新思维与创造能力。

Science 科学
Technology 技术
Engineering 工程
Art 艺术
Mathematics 数学

项目一：滚动吧，轮子

？ 细心观察

　　轮子为人类服务已有几千年的历史了，它是人类在搬运东西的劳动实践中逐渐地发明的。在轮子出现前，人们使用滚轮，人们在货物的下方连续摆放圆形的木条，这便是滚轮。后来人们想到把滚轮的中间加上轴，这样就成了轮子雏形。轮子对人类文明的贡献巨大，它不仅让人类的远行成为可能，而且帮助人类运输较重的物件、建设现代化的都市，并将随着科技的发展而拥有越来越广泛的应用。轮子是我们生活中非常熟悉的物品零部件，广泛存在于各种出行工具、玩具、轮椅等物品当中。仔细观察过这些轮子，它们有什么共同点？你能发现轮子的结构有哪些吗？

活动卡片

　　根据轮子的基本结构，利用一些简单的材料，我们也来制作一个可以滚动的轮子吧。这一课，需要我们了解轮子的历史，欣赏不同时期的轮子，休息轮子的基本结构，小组合作，设计一个可以滚动的轮子。

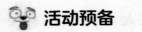 **活动预备**

1. 组建团队

你准备如何制作可以滚动的轮子？与同学交换看法，找到志同道合的伙伴组成制作团队。

2. 知识储备

据考证：公元前 3500 年，在两河流域，就是现在的伊拉克、伊朗一带，苏美尔人创造了世界上最早的车——"木车"。

最早的车轮是实心木质，即只有"轮"没有"胎"。后来为了增强车轮的耐磨性，发明了在木质车轮外侧包覆一层锻造成圆弧形状钢板的技术。

辐条车轮

1839年美国人查尔斯·古德伊尔（Charles Goodyear）发明硫化橡胶后，橡胶轮胎开始在各种车辆上得到广泛应用。但直至19世纪末期，汽车上所安装的橡胶轮胎均是实心的。这种轮胎吸收路面冲击的能力很差，导致汽车行驶时震动剧烈、噪音大。

1845年苏格兰人罗百特·汤姆森（Robert William Thomson）首先发明了充气轮胎并获得了专利。但受到当时橡胶生产工艺和汽车工业发展状况的限制，他的充气轮胎技术未能得到广泛的使用。

充气轮胎的技术被搁置42年后，另一位苏格兰人约翰·邓禄普于1887年发明了首个具有实际使用价值的三轮车充气轮胎。

在1889年一位明威利·休谟的自行车运动员在使用了邓禄普的充气轮胎在比赛中取得了优异成绩后，充气轮胎技术开始变得家喻户晓。

1891 年爱德华和安德鲁·米其林兄弟发明了可在十五分钟内拆换的充气式自行车轮胎，这一产品迅速被当时的自行车运动员采用。

1915 年，美国圣地亚哥的轮胎制造商和发明家亚瑟·萨维奇取得了首个子午线轮胎的专利。

1946 年，米其林公司进一步改善了子午线轮胎的设计并实现了大规模生产，在 1949 年将其正式推向市场。

轮子的结构

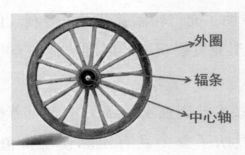

外圈：一般由橡胶制作而成，其作用有支撑、传递牵引力、减震、稳定。

辐条：一般由金属制作而成，其形状和数量根据轮子的作用决定，可以在形状上进行美化，辐条的间距是相等的，作用是支撑和连接。

中心轴：一般由金属制作而成，按照不同车型的大小与需求，中心轴的大小也有变化，其作用是固定、减少摩擦力。

数学知识

$C=2\pi r$（辐条的长约等于圆的半径，可以通过计算，周长约等于轮子的外圈）

3. 材料准备

超轻黏土、竹签、牙签、剪刀、米尺等。

 创客实践

1. 任务聚焦

将任务分解成若干需要完成的小任务，再把小任务分解成一个个具体的步骤，合理安排，制定一个周密的计划，参考下面的"任务分解表（模板）"来设计自己小组的任务分析表。

任务分解表（模板）

任务分解	制作步骤	注意事项
任务一：	第一步：	
	第二步：	
任务二：	第一步：	
	第二步：	
任务三：	第一步：	
	第二步：	

2. 设计方案

参考轮子的结构，结合自己对轮子的观察，将你想要制作的轮子设计出来。

项目名称	滚动吧：_____ 轮子！
设 计 草 图	
参数	半径：_____厘米 外圈：_____厘米 辐条：_____根
制作流程	1. 制作辐条、中心轴、外圈 2. 将辐条与中心轴连接起来 3. 连接外圈 4. 美化轮子 5. 测试并改进轮子

3. 尝试制作

根据设计方法和步骤，尝试自己制作出轮子。

4. 改进完善

分小组讨论在制作过程中存在的问题，应该如何进行改进。根据讨论的结果对初步设计的方案进行优化，并根据此制作出可以滚动的轮子。

讨论记录

活动指引卡

　　可以从轮子的结构：外圈的粗细，辐条的长短、间距，中心轴的位置、大小等方面分析。

问题一：＿＿＿＿＿＿＿＿

影响因素：＿＿＿＿＿＿＿

优化改进方法：＿＿＿＿＿

＿＿＿＿＿＿＿＿＿＿＿＿＿

问题二：＿＿＿＿＿＿＿＿

影响因素：＿＿＿＿＿＿＿

优化改进方法：＿＿＿＿＿

＿＿＿＿＿＿＿＿＿＿＿＿＿

问题三：＿＿＿＿＿＿＿＿

影响因素：＿＿＿＿＿＿＿

优化改进方法：＿＿＿＿＿

5. 制造创新

　　我们制作出了可以滚动的轮子，但是还不是很完美，我们能不能从轮子的结构、材料、颜色等方面去"延伸""增加""调整""改善"？

滚动吧，轮子	
延伸	我把材料替换成＿＿＿＿＿＿＿＿＿
	这样轮子就能 ＿＿＿＿＿＿＿＿
增加	我增加了轮子结构中＿＿＿＿＿＿
	这样轮子就能＿＿＿＿＿＿＿＿＿
调整	我把轮子的＿＿＿调整成 ＿＿＿＿
	这样轮子就能＿＿＿＿＿＿＿＿＿
改善	我把轮子的＿＿＿改善成 ＿＿＿＿
	这样轮子就能＿＿＿＿＿＿＿＿＿

成果分享

通过学习轮子的相关知识，自己动手制作轮子，相信你已经对轮子的结构有比较深刻的理解，从中获得了不少的感悟。请把这些内容整理出来，以创客手记、PPT、微视频、作品展示的形式呈现出来，与同学们和老师一起分享！

 **反思评价**

评价内容	自我评价（ABCD）	组内点评（ABCD）	教师评价（ABCD）
创新精神			
问题意识			
自主学习能力			
创新创造能力			
合作意识			
任务完成度			
自我反思：			

 **拓展探究**

我们已经做出了可以滚动的轮子，思考怎样制作出一个滚得更远的轮子？你能设计制作出一个一定周长的轮子吗？你能设计制作一个测距轮子吗？

项目二：我的汽车我做主

知识背景

汽车的主要作用是代步、载人、运输等。汽车改变了人们的生活状况、生活方式，给人类提供了很大的便利。同时，也加速了不同地区的交流，对促进不同地区发展起到了很大的作用。如今我国经济发展迅速，几乎每家每户都拥有小汽车。汽车在给我们带来便利的同时，也给我们带来了汽车尾气排放严重污染环境、石油紧张供不应求等问题。因此，我们需要使用新能源来创造更绿色的出行方式。

你能够将生活中的材料变废为宝，制作出一款能够跑起来的小汽车吗？仔细观察下面这些汽车都有什么特点？它们都是由哪几部分组成的？

活动卡片

> 在本节课中，我们将利用生活中现有的材料，通过变废为宝的方式，制作出能够跑起来的汽车。在制作过程中需要思考如何使自己的小汽车跑得更快。制作完成后，我们需要装饰汽车，并根据汽车的特点为它命名，为自己的汽车赋予生命。

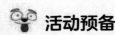 活动预备

1. 组建团队

你打算怎样制作和美化汽车呢？与同学交流看法，找到志同道合的伙伴组成制作团队，小组成员根据自己擅长的方面进行分工。

角色	任务	人数
车间组长	负责填写记录单	1 人
车辆工程师	负责组装小汽车	2 人
创意工程师	负责装饰小汽车	2 人

2. 知识储备

变废为宝的汽车主要由车身、车轮、电池组成，车身用于装载、车轮可以滚动、电池为小汽车提供了电能。生活中可以用来制作车身的材料有快递箱、易拉罐、矿泉水瓶等；可以用来制作车轮的有瓶盖、光盘、象棋子等；电池和发动机可以根据需要在网上购买。为了使汽车性能更好、跑得更快，请根据影响汽车速度的因素合理选择生活中的材料。

影响汽车速度的因素包括以下方面。

（1）电池

容量：越大，提供的电能越大速度越快。

数量：越多，提供的电能越大速度越快。

（2）线路

导线材质：导电性强；例如铜的导电性比铝好，用铜来做电线会让汽车速度更快。

连接方式：串联方式比并联方式好；例如一节电池的电压是 1.5 伏，两节串联后变为 3.0 伏，而并联后依然只有 1.5 伏。

（3）电机性能线路

额定功率：功率越大，速度越快。额定转速：转速越高，速度越快。

（4）车身的材质及形状

材质：材质越轻，速度越快。

形状：流线型越好，速度越快。

（5）车轮

尺寸：尺寸越大，滚动一周的周长越长，速度越快。

粗糙程度：车轮越光滑，阻力越小，速度越快。

（6）路面的平坦程度（外在因素）

粗糙程度：路面越光滑，速度越快。

坡度：坡度越平缓，速度越快。

3. 材料准备

车身材料（快递箱、易拉罐、矿泉水瓶）、车轮材料（瓶盖、光盘、象棋子）、汽车电能（电池、电池盒、发动机、电线）、汽车零件（轮轴、螺丝、螺丝刀）、其余材料（剪刀、马克笔、透明胶、彩色卡纸）。

创客实践

1. 任务聚焦

将任务分解成若干需要完成的小任务，再把小任务分解成一个个具体的步骤，合理安排，制定一个周密的计划，参考下面的"任务分解表（模板）"来设计自己小组的任务分析表。

任务分解表（模板）

任务分解	制作步骤	注意事项
任务一：	第一步：	
	第二步：	
任务二：	第一步：	
	第二步：	
任务三：	第一步：	
	第二步：	

2. 设计方案

参考汽车的制作方法，结合自己对汽车的理解，将你想要制作的汽车设计出来，并画出设计图。

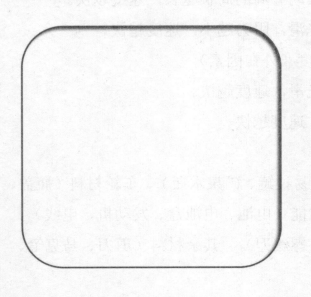

活动指引卡

画出简要的设计图或者写出具体制作步骤。

3. 尝试制作

根据自己初步设计方案，利用身边的材料，尝试自己制作出能够跑起来的汽车。

4. 改进完善

分小组讨论在制作过程中存在的问题，应该如何对汽车进行改进。根据讨论的结果对初步设计的方案进行改进，并根据改进后的思路制作出能够跑起来的汽车。

讨论记录

活动指引卡

可以从车身的材料选取、车轮的大小、汽车装饰工艺程度等

问题一：_____

影响因素：_____

优化改进方法：_____

_____

问题二：_____

影响因素：_____

优化改进方法：_____

_____

问题三：_____

影响因素：_____

优化改进方法：_____

_____

5. 智造创新

我们根据自己的思路制作出了能够跑起来的汽车，但还不是很完美，我们能不能从汽车的命名、汽车的性能、装饰的美观度等方面去"增加""调整""替换""美工"优化自己的作品，具体完善思路如下表所示。

创新汽车学习单

增加	我们在汽车的结构里面增加_____
	这样的好处有_____
调整	我们把汽车的车身_____
	汽车即可变得更加_____
替换	我们把汽车轮胎替换成_____
	这样就能_____
	我们把车身材料替换成_____
	这样可以_____
美工	用彩色卡纸在汽车外面_____
	汽车会变得_____

 成果分享

通过学习汽车的结构以及影响汽车速度因素的相关知识，自己动手制作出能够跑起来的汽车，相信你已经对汽车的生产程序有比较深刻的理解，从中获得了不少的感悟。请把这些内容整理出来，以创客手记、PPT、微视频、作品展示的形式呈现出来，与同学们和老师一起分享！

 **反思评价**

评价内容	自我评价（ABCD）	组内点评（ABCD）	教师评价（ABCD）
创新精神			
问题意识			
自主学习能力			
创新创造能力			
合作意识			
任务完成度			
自我反思：			

 拓展探究

在我们生活中，有很多平凡的事物，只要同学们张开想象的翅膀、发挥创造的力量，一定可以创造更多的奇迹！让我们一起去寻找更多的可回收物品，节约资源、变废为宝，一起为环保事业做贡献吧！

项目三：我的无人驾驶车

细心观察

　　随着科技的发展，人们生活水平的提高，越来越多的智能设备进入我们的生活。比如无人驾驶车，无人驾驶汽车是智能汽车的一种，也称为轮式移动机器人，主要依靠车内的以计算机系统为主的智能驾驶仪来实现无人驾驶的目的。无人驾驶车的发明将会使我们的出行更加便捷，同时也会出现一些人们比较担心的安全问题。仔细观察，无人驾驶车在行驶过程中会出现什么问题？

活动卡片

本节课通过发现无人驾驶车行驶时出现的问题，提出相应的解决办法，学习相关的知识，然后学以致用，设计一款安全性能好，漂亮美观的自己的无人驾驶车。

👀 **活动预备**

1. 组建团队

你准备如何设计你的无人驾驶汽车呢？与同学交换看法，找到志同道合的伙伴组成制作团队。

2. 知识储备

（1）思考

观看以下两个视频，思考无人驾驶车在行驶过程中会遇到哪些情况或问题？

（2）知识学习

短距离雷达（前、后刹车，变道）：短距离侧向毫米波雷达具有探测角度大、体积小、功耗低的特点，在120m的距离范围内提供高达 ±75°的水平检测范围。

航位推算感应器（测距离）：航位推算(DR, Dead-Reckoning)是一种常用的定位技术，其基本原理是利用方向传感器和速度传感器来推算车辆的瞬时位置，可以实现连续自主式定位。

车距：后车为了确保无论在怎样极端情况下都不会与前车追尾，后车就需要始终与前车保持一定的距离，以便在遇到紧急情况时留有足够的刹车空间。

行驶速度不同，车与车之间的距离应保持不同。人的反应时间3sec，刹车后直到车停下来，如果车速在40km/h以上，总共要预留至少3.5sec的时间。如果低速行车，即车速在40km/h以下时，安全车距不低于30m，车速在20km/h以下时，安全车距不低于 10m。

超声波雷达（停车、行人、障碍物侦测）：超声波发射器向外面某一个方向发射出超声波信号，在发射超声波的同时开始进行计时，超声波通过空气进行传播，传播途中遇到障碍物就会立即反射传播回来，超声波接收器在收到反射波时就立即停止计时。在空气中超声波的传播速度是 340m/s，计时器通过记录时间 t，就可以测算出从发射点到障碍物之间的距离长度 s，即：$s = 340t/2$。超声波的能量消耗较缓慢，在介质中传播的距离比较远，穿透性强，测距的方法简单，成本低。

夜视摄像头（侦测行人、动物）：夜视监控摄像头一般使用红外夜视摄像机，在无可见光或者微光的黑暗环境下，采用红外发射装置主动将红外光投射到物体上，红外光经物体反射后进入镜头进行成像。

3D 摄像头（人脸、手势辨别等）：3D 摄像头，拥有人脸识别、手势识别、人体骨架识别、三维测量、环境感知、三维地图重建等数十项功能，可广泛运用于电视、手机、机器人、无人机、物流、VR/AR、智能家居、安防、汽车驾驶辅助等领域。

长距离雷达（自动巡航控制）：LiDAR 激光雷达（周围空间信息）：LiDAR—Light Detection And Ranging，即激光探测与测量，也就是激光雷达。是利用 GPS（Global Position System，全球定位系统）和 IMU（Inertial Measurement Unit，惯性测量装置）机载激光扫描。其所测得的数据为数字表面模型（Digital Surface Model, DSM）的离散点表示，数据中含有空间三维信息和激光强度信息。应用分类

(Classification)技术在这些原始数字表面模型中移除建筑物、人造物、覆盖植物等测点，即可获得数字高程模型(Digital Elevation Model,DEM)，并同时得到地面覆盖物的高度。

（3）自我创新设备

如果你有其他发现或者创新，而以上"知识学习"内容中又没有，可以自己添加、命名设备的名称、作用。

3. 材料准备

笔、直尺，打印无人驾驶车图片的 A4 纸，知识清单等。

探索畅想

小组讨论：

视频中的无人驾驶车遇到了哪些情况或问题？

①讨论并做好记录。

②你还想到了哪些视频以外的情况或问题，一并做好记录。

1. 任务聚焦

将任务分解成若干需要完成的小任务，再把小任务分解成一个个具体的步骤，合理安排，制定一个周密的计划，参考下面的"任务分解表（模板）"来设计自己小组的任务分析表。

任务分解表（模板）

任务分解	问题或情况	解决方案
1		
2		
3		
4		
5		
6		
7		
8		
9		
10		
11		
12		
13		
14		
……		

2. 探讨解决方案

结合自己对无人驾驶车的理解，小组讨论制定解决方案，填写在以上表格相对应的解决方案栏里。

3. 尝试制作

示例（标注出所需装置的安装位置）

长距离传感器
（自动巡航控制）

根据解决方案，尝试设计自己的无人驾驶车。

4. 改进完善

　　各小组讨论本组方案中存在的问题，对初步设计的方案进行优化，并制作出较为完美的设计方案。

问题一：＿＿＿＿＿＿＿＿＿＿

影响因素：＿＿＿＿＿＿＿＿＿

优化改进方法：＿＿＿＿＿＿＿

＿＿＿＿＿＿＿＿＿＿＿＿＿＿

问题二：＿＿＿＿＿＿＿＿＿＿

影响因素：＿＿＿＿＿＿＿＿＿

优化改进方法：＿＿＿＿＿＿＿

＿＿＿＿＿＿＿＿＿＿＿＿＿＿

成果分享

通过学习无人驾驶车的相关知识，自己动手设计无人驾驶车，相信你已经对未来的无人驾驶车有比较浓厚的兴趣，从中获得了不少的感悟。请把这些内容整理出来，以创客手记、PPT、微视频、作品展示的形式呈现出来，与同学们和老师一起分享吧！

 **反思评价**

评价内容	自我评价 （ABCD）	组内点评 （ABCD）	教师评价 （ABCD）
创新精神			
问题意识			
自主学习能力			
创新创造能力			
合作意识			
任务完成度			
自我反思：			

 **拓展探究**

在我们生活中，出现了很多的智能产品，它们都是现代科技发展迅猛的结果。我们可以在课外进一步收集、拓展无人驾驶车的有关知识，发挥自己的想象力和聪明才智，在将来，把自己的设想变为现实，生产出一款属于自己的无人驾驶车。

项目四：未来交通工具

 细心观察

随着经济和技术的发展，许多人都拥有了汽车，但随之而来的堵车问题成为人们每天都必须要面对的烦恼，堵车不仅是你我的问题，也是大城市的问题，更是中国乃至世界的问题。现在每个城市都在尽自己最大努力缓解堵车现象，比如单双号、尾号限行、限购措施，虽然略有效果，但还是赶不上汽车增长的速度。如果让你来解决交通拥堵问题，你打算怎么做？

活动卡片

根据汽车的运动原理，利用身边的一些材料，设计制作一款解决交通拥堵问题的未来交通工具模型，它能遮风挡雨、有1人以上乘坐空间，并让它动起来。

1. 组建团队

你准备如何设计制作这款未来交通工具，与同学交换看法，找到志同道合的伙伴组成制作团队。

2. 知识储备

据资料显示：世界上第一辆内燃机汽车是由德国人卡尔·本茨（1844-1929）于 1885 年 10 月研制成功的。1886 年 1 月 29 日被公认为是世界汽车的诞生日，本茨的专利证书也成了世界上第一张汽车专利证书。

早在第一辆汽车发明之前，与它相关的许多发明就已经出现了，如铅酸蓄电池、内燃机点火装置、硬橡胶实心轮胎、弹簧悬架等，所以汽车是许多发明或技术的综合运用。

汽车为人类服务已有一百多年的历史了，经 100 多年来的不断改进、创新，凝聚了人类的智慧和匠心，并得益于石油、钢铁、铝、化工、塑料、机械设备、电力、道路网、电子技术与金融等多种行业的支撑，带动了汽车的发展，成为今日这样具有多种形式、不同规格，广泛存在于社会经济生活多个领域的交通运输工具。自 1970 年以来，全球汽车数量几乎每隔 15 年翻一番，2013 年全球汽车产量 8738 万辆。

【大概念学习】设计交通工具需要考虑的因素：动力、结构、外观、成本、品牌。

动力：动力的来源是能源。根据能源属性分为可再生能源和不可再生能源；可再生能源分为：太阳能、地热、水能、风能、生物能、海洋能；不可再生能源分为：煤、石油、天然气、核能等。

目前动力能源类型有：汽油、柴油、油电混合、纯电动、插电式混合动力，其中混合动力汽车又包括普通混合动力汽车和插电式混合等动力汽车。

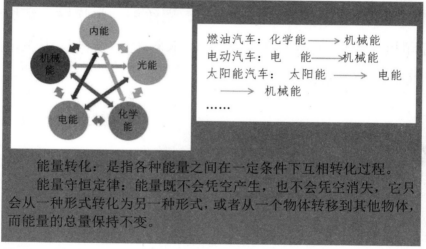

能量转化：是指各种能量之间在一定条件下互相转化过程。

能量守恒定律：能量既不会凭空产生，也不会凭空消失，它只会从一种形式转化为另一种形式，或者从一个物体转移到其他物体，而能量的总量保持不变。

结构：汽车一般由发动机、底盘、机身、电气设备四个基本部分组成。

外观：汽车可分为乘用型、商用型及特殊用途型。

品牌：品牌是某种名称、特定符号、象征设计或者它们的组合构成的总称，是对产品、服务、文化的一种评价与认同。

成本：人们要进行生产经营活动或达到一定的目的，就必须耗费一定的资源，其所耗费资源的货币表现及其对象化称为成本。为达到一种目的而放弃另一种目的所牺牲的经济价值。

3. 材料准备

购买相关套件或魔术板、轮子、电路板、电池、马达、太阳能 板、螺旋桨、传感器、遥控器、电线、螺丝、细绳、橡皮筋、软铁丝、量尺、美工刀、剪刀、螺丝刀、电烙铁、溶胶枪、3D 打印机、操作板等材料。贴纸、水彩笔、颜料盘等生活中可用于汽车模型外观设计装饰材料。

创客实践

1. 任务聚焦

将任务分解成若干需要完成的小任务，再把小任务分解成一个个具体的步骤，合理安排，制定一个周密的计划，参考下面的"任务分解表（模板）"来设计自己小组的任务分析表。

任务分解表（模板）

任务分解	制作步骤	注意事项
任务一：动力设计	第一步：	
	第二步：	
任务二：结构设计	第一步：	
	第二步：	
任务三：外观设计	第一步：	
	第二步：	
任务四：品牌设计	第一步：	
	第二步：	
任务五：成本精算	第一步：	
	第二步：	

2. 设计方案

根据所学知识和本节课的任务，思考未来交通工具的动力来源、结构、外观、品牌、成本，画出设计图。

活动指引卡

画出交通公交的几个主要组成部分如动力装置设计、机身主要组成部分、检索拥堵的设计等。

3. 尝试制作

根据设计图和步骤，各小组合作设计制作未来交通工具。

4. 改进完善

小组讨论在制作、测试过程中存在的问题，应该如何进行改进。根据讨论的结果对初步设计的方案进行优化，制作出更为完善的未来交通工具。

讨论记录

活动指引卡

可以从交通工具结构是否稳固，是否有减少交通拥堵的功能，是否正常行驶、外观及成本等方面分析。

问题一：_____

影响因素：_____

优化改进方法：_____

_____

问题二：_____

影响因素：_____

优化改进方法：_____

_____

问题三：_____

影响因素：_____

优化改进方法：_____

_____

5. 制造创新

我们制作并完善了未来交通工具，但交通工具的行驶方向和距离、减少拥堵的效果还不是很好。同学们可以从动力、美观、功能、结构等方面去"增加""调整""代替"和"改进"。完善自己的作品，完善思路如下表所示。

未来交通工具

替换	我把材料替换成＿＿＿＿＿＿＿＿＿＿＿＿＿＿＿ 这样交通工具就能＿＿＿＿＿＿＿＿＿＿＿＿＿＿
结合	我把交通工具结合＿＿＿＿＿＿＿＿＿＿＿＿＿＿ 这样交通工具就能＿＿＿＿＿＿＿＿＿＿＿＿＿＿
加入	我在交通工具中加入＿＿＿＿＿＿＿＿＿＿功能 这样交通工具就＿＿＿＿＿＿＿＿＿＿＿＿＿＿＿
调整	我调整交通工具的＿＿＿＿＿＿＿＿＿＿＿＿＿＿ 让本来的交通工具就能＿＿＿＿＿＿＿＿＿＿＿
用作其他用途	我把交通工具用作＿＿＿＿＿＿＿＿＿＿＿＿＿＿ 让交通工具具备＿＿＿＿＿＿＿＿＿＿＿的新功能
去除	我去除了交通工具的＿＿＿＿＿＿＿＿＿＿＿＿＿ 这样交通工具就能＿＿＿＿＿＿＿＿＿＿＿＿＿
逆转或重新排序	如果交通工具不是＿＿＿＿＿＿＿＿＿＿＿＿， 是＿＿＿＿＿＿＿＿＿＿＿＿＿＿＿＿＿＿＿＿， 就会＿＿＿＿＿＿＿＿＿＿＿＿＿＿＿＿＿＿＿

　　通过交通工具相关知识的学习，设计并动手制作未来交通工具，相信你已经了解了一些科学工程、机械机构方面的知识，也从中获得了不少感悟。请将这些内容整理一下，以创客手记、PPT、微视频、作品展示等你喜欢的方式呈现出来，与同学和老师一起交流分享。

反思评价

评价内容	自我评价 （ABCD）	组内点评 （ABCD）	教师评价 （ABCD）
创新精神			
问题意识			
自主学习能力			
创新创造能力			
合作意识			
任务完成度			
自我反思：			

拓展探究

　　同学们，作为未来的交通工具设计师，充分发挥你的想象力，并从外形、款式、功能、环保、安全角度等方面出发设计一款未来汽车或交通工具吧！你可以用科幻绘画、科幻写作的方式把它表现出来！

第四单元　信息时代

　　随着信息时代的来临，数字化信息革命的浪潮正大刀阔斧地改变人们的工作方式和生活方式。本单元课程主要让学生通过追踪电波密码、感受生活中互联网、二维码、APP、5G 和人工智能给人们带来的便捷，让学生通过探究、体验和使用这些信息技术，激发学生对信息时代科技的不断探索，从而培养学生对未来科技的热爱和创新创造的兴趣。

项目一：追踪电波密码

　　细心观察

　　人生活在社会中，需要与外界沟通，互相传递信息，表达自己的意思。在古代，人们主要通过烽火台、风筝、信号旗、书信等一些简单的方式来传递信息。

　　随着人类活动的区域越来越大，这些简单的信息传递方式已经无法满足人们的需要了，并且人们希望信息传递可以更快、更准确、距离更远，成本更低。于是，从 18 世纪开始就有人研究使用电传递信息。而电报的出现首次使人们可以远距离、快速地传递信息，拉开了电信时代的序幕，标志着人类第四次信息革命的开始！那你知道电报机到底是如何传递信息的吗？

活动卡片

根据电报机的工作原理,利用身边的一些材料,我们也来设计制作一个简易的发报机,并试着用它传递一些简单信息。在这一课我们需要认识莫尔斯电码,了解发报机的工作原理,了解利用密码传递信息的方式。

 ## 活动预备

1. 组建团队

你准备如何制作发报机呢,与同学交换看法,找到志同道合的小伙伴组建你们的发报机制作团队吧!

2. 知识储备

(1)认识信号

信号是承载信息的工具,是信息的载体。从广义上讲,它包含光信号、声信号和电信号等。例如,古代人利用点燃烽火台而产生的滚滚狼烟,向远方军队传递敌人入侵的消息,这属于光信号;当我们说话时,声波传递到他人的耳朵,使他人了解我们的意图,这属于声信号;遨游太空的各种无线电波、四通八达的电话网中的电流等,都可以用来向远方表达各种消息,这属电信号。人们通过对光、声、电信号进行接收,知道对方要表达的消息。

(2)认识密码

密码是按特定法则编成,用以对通信

双方的信息进行明密变换的符号，是在信息传递的过程中用于达成共识并做到保密的一种信息处理手段，用好密码的重点在于编码和解码。电报机的声音信号之所以能传递出信息就是因为有摩尔斯密码的存在。

（3）认识莫尔斯密码

莫尔斯电码（又译为摩斯密码，Morse code）是一种时通时断的信号代码，通过不同的排列顺序来表达不同的英文字母、数字和标点符号。它是 1844 年由美国的一位画家莫尔斯设计出的既好用又简单的电码。基本规则：①1 点为 1 个基本信号单位，1 划的长度为 3 个点的长度；②在 1 个字母或数字编码内，各点、划之间的间隔为 2 个点的长度；③字母（数字）与字母（数字）之间的间隔为 7 个点的长度。可以利用声音或者灯光的长短来分别表示"·"与"—"。

莫尔斯电码表

字符	电码符号	字符	电码符号	字符	电码符号
A	·—	N	—·	1	·————
B	—···	O	———	2	··———
C	—·—·	P	·——·	3	···——
D	—··	Q	——·—	4	····—
E	·	R	·—·	5	·····
F	··—·	S	···	6	—····
G	——·	T	—	7	——···
H	····	U	··—	8	———··
I	··	V	···—	9	————·
J	·———	W	·——	0	—————
K	—·—	X	—··—	?	··——··
L	·—··	Y	—·——	/	—··—·
M	——	Z	——··	( )	—·——·—

3. 材料准备

导线、LED 灯、电池、电池盒、纸杯、铅笔、金属勺、电键、蜂鸣器、接线器、螺孔板、螺丝钉等。

 **创客实践**

1. 创设情境

一个旅行团在出海游玩时遇到了台风，被困在一个无名小岛上。岛上的通信设施已被暴风雨破坏，被困的旅游团无法通过手机与外界取得联系，在这种情况下，他们该如何发送求救信息呢？

2. 任务聚焦

将任务分解成若干需要完成的小任务，再把小任务分解成一个个具体的步骤，合理安排，制定一个周密的计划，参考下面的"任务分解表（模板）"来设计自己小组的任务分析表。

任务分解表（模板）

任务分解	制作步骤	注意事项
任务一：设计发报机	第一步：	
	第二步：	
任务二：制作发报机	第一步：	
	第二步：	
任务三：发送求救信息	第一步：	
	第二步：	

3. 设计方案

如何利用提供的材料，结合自己对电报机原理的理解，构思你的发报机设计方案，并画在下面的方框中。

活动指引卡

画出简要的设计图或者写出具体制作步骤。

4. 尝试制作

根据设计方法和步骤，以小组为单位制作出你们自己的发报机。

5. 模拟发报

请以小组为单位，使用制作的发报机发送一则简单的信息。

参考流程如下：

三个同学为一个小组，假设为甲、乙、丙，其中同学甲负责发报，发报前将自己想好的简单的求救信息写下来；同学乙负责记录，在同学甲发报时仔细观察 LED 灯的亮灭及蜂鸣器的声音长短，并用摩斯密码记录下来；同学丙负责译码，对照摩斯密码表，将电码译写为有意义的语句。完成后，同学丙将译好的信息与同学甲进行核对，若一致则说明信息传递成功。

甲：发报员   乙：记录员   丙：译码员

在完成一轮的信息传递后，三人互换角色，再进行两轮模拟发报活动，确保每位同学都能体验到不同的角色。每一轮规则均相同。

讨论记录

你们组成功发送出信息了吗？你们组的发报机能否准确地传递信息？

_____

_____

你们在活动中遇到了什么问题或障碍？解决了吗？

_____

_____

你认为该如何提高你和同伴之间的信息传递效率和准确度？

_____

_____

6. 制造创新

我们今天学习了摩斯密码，还用制作出的发报机发送了信息。其实传递摩斯密码的方式有很多，只要传消息和收消息的双方都能理解，那么摩斯密码就能被传递。你能设计一种摩斯密码的新的传递方式吗？另外摩斯密码这么神奇，你能参照摩斯密码的编码方式设计一种你自己的密码语言吗？赶紧试一试，和你的小伙伴用你自己设计的密语传递一次信息，并思考讨论以下问题。

讨论记录

1. 你们的密语可操作性如何？

_____

_____

2. 用你设计的密语传递信息是否出现了问题？为什么会出现这些问题？

_____

_____

3. 你准备如何制作你的密码本及密语说明书？

_____

_____

 **成果分享**

通过学习摩斯密码的相关知识，自己动手制作发报机，并且模拟发送了电报信息，相信你已经对摩斯密码的奥秘有比较深刻的理解，从中获得了不少的感悟。请把这些内容整理出来，以创客手记、PPT、微视频、作品展示的形式呈现出来，与同学们和老师一起分享！

 **反思评价**

评价内容	自我评价 （ABCD）	组内点评 （ABCD）	教师评价 （ABCD）
创新精神			
问题意识			
自主学习能力			
创新创造能力			
合作意识			
任务完成度			
自我反思：			

 **拓展探究**

　　使用摩斯电码传递信息时，无论是发送端，还是接收端，都要有摩斯电码翻译或者还原信息的过程。但是使用电话传递信息时，通过导线上的电流传递信息，不需要翻译的过程，就可以直接还原为我们能听懂的声音，这是为什么？运用所学的知识，发挥你的聪明才智，设计创造一种新的信号传递方式吧！

项目二：探秘二维码

 细心观察

不知道从什么时候开始，我们的身边就充满了二维码，海报、火车票、电视上……甚至楼下小摊小铺都支持扫码支付了。二维码仿佛一夜之间就融入我们生活的方方面面，如同我们生活中的一位亲密朋友般如影随形。那么二维码到底是什么？又是如何发明的呢？

 知识窗

1. 什么是二维码？

二维条码、二维码（2-dimensional bar code）是用某种特定的几何图形按一定规律在平面（二维方向上）分布的、黑白相间的、记录数据符号信息的图形。

2. 探一探

二维码的特点？

3. 说一说

你在生活中哪些场合会用到二维码？

制作二维码：

通过二维码分享展示你的作品（小作文、手抄报、美术作品、手工作品……）。

活动准备

（1）团队组建

头脑风暴，自由组队。

（2）硬件准备

平板电脑。

（3）软件准备

二维码制作工具 APP。

（4）其他材料准备

二维码制作内容：文字、图片、音乐、视频……

 ### 创客实践

1. 明确任务

小组讨论本组需要展示分享的作品，预设需要用到的二维码制作工具。完成制作方案。

2. 尝试制作

根据展示内容选择合适的二维码制作工具。

3. 改进美化

分小组讨论在制作二维码过程中存在的问题，应该如何进行改进。根据讨论的结果对初步设计的方案进行优化，并据此制作个性化的二维码。

活动指引卡
可以从二维码是否制作成功、可否分享打开、是否美观等方面分析。

问题一：＿＿＿＿＿＿＿

影响因素：＿＿＿＿＿＿＿

优化改进方法：＿＿＿＿＿＿

＿＿＿＿＿＿＿＿＿＿＿＿＿

问题二：＿＿＿＿＿＿＿

影响因素：＿＿＿＿＿＿＿

优化改进方法：＿＿＿＿＿＿

＿＿＿＿＿＿＿＿＿＿＿＿＿

问题三：＿＿＿＿＿＿＿

影响因素：＿＿＿＿＿＿＿

优化改进方法：＿＿＿＿＿＿

＿＿＿＿＿＿＿＿＿＿＿＿＿

 成果分享

通过学习二维码的相关知识，设计制作个性化二维码，相信你已经对二维码有了比较深刻的理解，从中获得了不少的感悟。请把这些内容整理出来，通过二维码分享给更多的老师、同学和你的好友们。

 **反思评价**

评价内容	自我评价 （ABCD）	组内点评 （ABCD）	教师评价 （ABCD）
创新精神			
问题意识			
自主学习能力			
创新创造能力			
合作意识			
任务完成度			
自我反思：			

 **拓展探究**

　　二维码除了我们日常见到的形式，在未来还会以更多元化的形式呈现。艺术二维码、三维动态二维码甚至多维码将会在未来随处可见，期待你们能够设计和制作出更多元化的二维码，为我们的生活增添一抹色彩。

项目三：玩转 APP

 细心观察

在探秘二维码的世界时，我们发现目前在超市、银行、药店、家庭、社区、广场等场所，通过扫描二维码就可以实现信息查询、付费购物、预约客户、了解产品信息等快捷功能。可见二维码的应用已经遍及生活的每个角落。

那么，在信息时代二维码应用不断的兴起，我们能不能从中发现二维码的创新技术，一起开启玩转创意二维码的科创之旅？

 活动卡片

本节课的主题是——玩转二维码 APP。了解二维码的产生、发展及生活中的应用；通过观察、扫描不同的二维码，利用相关二维码 APP，通过独立设计，创意新的二维码。

活动预备

1. 组建团队

你准备如何制作二维码并实现二维码的何种功能？与同学交换看法，找到志同道合的伙伴组成制作团队。

2. 知识储备

二维码是一种特定的几何图形，按规律分布在平面图形上。并且二维码的外观图案精美别致，能传递接收多种形式的信息。它的主要优势有：信息容量大、解码范围广、容错能力强、译码可靠度高、成本低易制作、可创意传播快。

3. 材料准备

智能手机、平板电脑、制作资料包（制作说明书、彩笔等制作工具）。

创客实践

1. 任务聚焦

将任务分解成若干需要完成的小任务，再把小任务分解成一个个具体的步骤，合理安排，制定一个周密的计划，参考下面的"任务分解表（模板）"来设计自己小组的任务分析表。

任务分解表（模板）

任务分解	制作步骤	注意事项
任务一：请自行调试本组的平板，了解二维码生成器及使用。初次制作二维码	第一步：认识二维码生成器，初次使用二维码制作 APP 软件	确定周围网络环境良好，软件运行正常
	第二步：调试二维码生成器 APP，尝试初次制作	编辑设计二维码内容，避免传空信息和无用信息
	第三步：记录制作与二维码的信息转码过程	注意制作过程中的有效操作，及时保存，避免出现传递误差
任务二：记录制作表单，并进行二维码的生成	第一步：生成二维码	生成二维码内容不宜过多，影响转码效果
	第二步：发现制作过程的问题并记录	需要及时解决并记录操作过程，总结经验
任务三：检验二维码信息的有效传递	第一步：检验二维码是否有效传递	生成后要及时扫描二维码，检查是否生效
	第二步：展示二维码的设计外观及内容	展示二维码的内容要注意主题、内容文明

2. 完成设计方案

活动指引卡

画出制作二维码的简单过程及步骤。

3. 尝试制作

小组分工要求：

组员 1:	组长：负责整个方案的设计与主题构思，统筹安排并参与组内各项工作
组员 2:	操作员：负责制作二维码
组员 3:	讲解员：负责上台汇报，协助制作二维码
组员 4:	观察员：记录制作问题，参与解决问题
组员 5:	记录员：负责填写任务单与设计方案
组员 6:	评分员：对本组制作过程、作品进行评分

4. 改进完善

分小组讨论在制作过程中存在的问题，应该如何进行改进。根据讨论的结果对初步设计的方案进行优化，并根据此制作出较为完美的纸张。

讨论记录

活动指引卡

可以从二维码外观、能否传递信息、是否有创意、美观等方面分析。

问题一：＿＿＿＿＿＿＿＿＿

影响因素：＿＿＿＿＿＿＿＿＿

优化改进方法：＿＿＿＿＿＿＿

＿＿＿＿＿＿＿＿＿＿＿＿＿＿＿

问题二：＿＿＿＿＿＿＿＿＿

影响因素：＿＿＿＿＿＿＿＿＿

优化改进方法：＿＿＿＿＿＿＿

＿＿＿＿＿＿＿＿＿＿＿＿＿＿＿

5. 制造创新：优化二维码

创意二维码设计学习单	
增加	我在二维码设计方案增加＿＿＿＿＿＿＿＿＿
	这样二维码设计就能＿＿＿＿＿＿＿＿＿＿
调整	我把二维码设计内容调整＿＿＿＿＿＿＿＿
	这样二维码信息就能＿＿＿＿＿＿＿＿＿＿
美化	我把二维码标志美化＿＿＿＿＿＿＿＿＿＿
	这样二维码外观就能＿＿＿＿＿＿＿＿＿＿
创意	我把二维码设计创意成＿＿＿＿＿＿＿＿＿
	这样二维码展示出来就能＿＿＿＿＿＿＿＿

 成果分享

通过学习二维码 APP 的相关知识，自己动手制作各类二维码，相信你已经对各种二维码 APP 有比较深刻的理解，从中获得了不少的感悟。请把这些内容整理出来，以创客手记、PPT、微视频、作品展示的形式呈现出来，与同学们和老师一起分享！

 反思评价

评价内容	自我评价（ABCD）	组内点评（ABCD）	教师评价（ABCD）
创新精神			
问题意识			
自主学习能力			
创新创造能力			
合作意识			
任务完成度			
自我反思：			

拓展探究

在生活当中，各种各样的 APP 和我们生活紧密相连、密切相关，制作二维码的 APP 除了课堂上用到的，你还知道有哪些呢？日常生活中你又会用到哪些 APP 呢？这些 APP 的具体作用又是什么呢？一起去发现探索一下吧！

项目四：智能稻草人

细心观察

中国自古就是一个农业大国，农业生产历史悠久，发明了许多农耕技术。我们常会在农作地里看到一些稻草做的人偶，这就是稻草人。稻草人是古人根据鸟类怕人的习性，为守护田地，以防鸟雀糟蹋庄稼，而立于田边的稻草做的人偶。因为是用稻草做的故叫其"稻草人"。

现在农田中的稻草人一般是用稻草或秸秆扎成人形，再穿上人类废弃的、颜色比较鲜艳的衣服，手大张开或在假手里插一根长棍，有些还在杆上捆上塑料袋、颜色鲜艳的塑料片等，风一吹就飘动起来。如果田地比较宽还要多制作一些，插在田间各处，效果才会好些。

可即便是这样，一般稻草人新插的前几天有一定阻吓作用，时间一久，个别胆大的鸟儿来了几次，习惯了以后就不怕了。另外不移动的稻草人是很难阻吓到像野猪这一类的野兽。仔细观察这些稻草人，它们有什么特点？它们都是由哪几个部分组成的？你还能从中发现它们有什么不足吗？

 活动卡片

> 我们现在实际生活中使用的稻草人功能比较有限，静止立于田地，只能起到一定威慑作用。在本节课中，我们将通过 Mind+ 编写程序来控制 Arduino 开源硬件，对传统稻草人进行智能化的改进，设计制作一款功能齐全、实用性强、美观且富有创意的全新智能稻草人。

 活动预备

1. 组建团队

智能稻草人的制作需要硬件工程师、软件工程师、设计师等各方面的人才通力合作，同学们根据兴趣爱好和擅长领域自由组建团队吧。

2. 知识储备

（1）Arduino 硬件介绍

Arduino 是一款来自意大利的开源硬件平台，自 2005 年开始一直受到广大电子爱好者的追捧。该平台由主控板和灵活多样的输入、输出模块组成，搭配软件开发环境进行程序设计，我们很容易使用这套开源平台开发出很多想要的电子产品。

①**主控器**：内置芯片，能够存储程序，接收各种传感器（按

钮、超声波）输入信号，并能够输出信号控制电机、LED 灯等的运作。端口 A45 为超声波连接口，端口 D23、D45 为电机的连接口，其他端口为其他传感器连接口。在电脑上编辑好程序后，通过数据线将程序下载到主控器。打开电源开关给主控器供电，用数据线连接主控器调试口和电脑端口，下载程序到主控器中运行程序，便可以开始工作了。

②**超声波传感器**：利用超声波来检测物体的距离、检测物体是否存在及物体是否移动等信息，并把检测到的信息转换成电信号传递给主控器进行处理的传感器。

③**灰度传感器**：是一种模拟传感器，利用不同颜色的检测面对光的反射程度不同，光敏电阻对不同检测面返回的光其阻值也不同的原理进行颜色深浅检测。

④**按钮传感器**：按钮传感器是一种常见的传感器，通常作为开关使用。通过按下按钮，产生电平信号，传递给主控器进行处理。

⑤**电位器**：可以控制普通直流电机的电流从而控制电机的旋转速度。

⑥**数据线**：连接主控器调试端口和电脑的 USB 端口，是将在电脑端编辑好的模块化程序下载到主控器中的导线。

（2）Mind+ 软件介绍

Mind+ 是一款拥有自主知识产权的国产青少年编程软件，集成各种主流主控板及上百种开源硬件，支持人工智能（AI）与物联网（IoT）功能，既可以拖动图形化积木编程，还可以使用 Python/C/C++ 等高级编程语言，让大家轻松体验创造的乐趣。

3. 材料准备

Arduino 主控器、电脑、积木颗粒、超声波传感器、按钮传感器、电位器等。

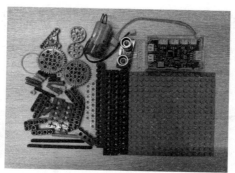

 创客实践

1. 创设情境

如果你是一位农场的主人，根据传统稻草人的不足，你准备设计一款什么样的拥有全新功能的智能稻草人来守护你的农田？

2. 任务聚焦

将任务分解成若干需要完成的小任务，再把小任务分解成一个个具体的步骤，合理安排，制定一个周密的计划，参考下面的"任务分解表（模板）"来设计自己小组的任务分析表。

任务分解表（模板）

任务分解	制作步骤	注意事项
任务一：搭建稻草人	第一步：	
	第二步：	
任务二：编写程序	第一步：	
	第二步：	
任务三：调式稻草人	第一步：	
	第二步：	

3. 设计方案

运用所掌握的硬件、软件知识，结合稻草人的作用，设计出独特的、有个性的稻草人，并画出设计图。

活动指引卡

画出简要的设计图或者写出具体制作步骤。

4. 尝试搭建

根据设计方案和步骤，利用积木颗粒尝试搭建你们小组的稻草人。注意小组成员团结协作，搭建时间 20 分钟。

5. 编写程序

根据你们设计的稻草人功能，讨论你们组的编程思路，然后自主设计编写程序。

```
Uno 主程序
循环执行
  如果  读取超声波距离(cm) trig A5 ▾ echo A4 ▾ <= 10  那么执行
     设置数字引脚 2 ▾ 输出为 高电平 ▾
     设置数字引脚 3 ▾ 输出为 低电平 ▾
  否则
     设置数字引脚 2 ▾ 输出为 低电平 ▾
     设置数字引脚 3 ▾ 输出为 低电平 ▾
```

6. 改进完善

分小组讨论在制作过程中存在的问题，硬件的搭建、程序的优化、功能的调整。根据讨论的结果对初步设计的方案进行改进，并根据改进后的思路制作出较为满意的稻草人。

活动指引卡

可以从二维码是否制作成功、可否分享打开、是否美观等方面分析。

问题一：＿＿＿＿＿＿＿＿＿＿

影响因素：＿＿＿＿＿＿＿＿＿

＿＿＿＿＿＿＿＿＿＿＿＿＿＿＿

＿＿＿＿＿＿＿＿＿＿＿＿＿＿＿

问题二：＿＿＿＿＿＿＿＿＿＿

影响因素：＿＿＿＿＿＿＿＿＿

＿＿＿＿＿＿＿＿＿＿＿＿＿＿＿

＿＿＿＿＿＿＿＿＿＿＿＿＿＿＿

问题三：＿＿＿＿＿＿＿＿＿＿

影响因素：＿＿＿＿＿＿＿＿＿

优化改进方法：＿＿＿＿＿＿＿

＿＿＿＿＿＿＿＿＿＿＿＿＿＿＿

7. 制造创新

我们根据自己的思路制作出了独特的稻草人，但还不是很完美，我们能不能在把稻草人的外观制作得作更独特、功能更完善、硬件连接更牢固等方面去优化自己的作品，具体完善思路如下表所示。

创新稻草人学习单	
硬件的连接固定	
程序的优化	
功能的调整	
外观的完善	

 **成果分享**

通过学习稻草人制作的相关知识、自己动手制作拥有全新功能的稻草人，相信你已经有了良好的搭建技巧，也知道了在遇到问题时，该如何分析、如何解决、如何实现，对 Mind+ 程序编写软件、Arduino 开源硬件也有了浓厚的学习兴趣，希望大家利用空余的时间对这些相关知识加以拓展，制作更多的作品，去解决我们生活中的一些问题！同时请把这些内容整理出来，以创客手记、PPT、微视频、作品展示的形式呈现出来，与同学们和老师一起分享！

反思评价

评价内容	自我评价 （ABCD）	组内点评 （ABCD）	教师评价 （ABCD）
创新精神			
问题意识			
自主学习能力			
创新创造能力			
合作意识			
任务完成度			
自我反思：			

拓展探究

  这节课我们制造出了利用超声波传感器识别到鸟雀等动物就自动摆手摇头的稻草人。在此基础上我们还可以给稻草人加上轮子，变成可移动的稻草人，加上人声模块，变成可以发出人声的稻草人。你还想创造一个具有什么功能的稻草人，请从结构搭建、程序编辑、创新等方面思考并尝试制作一个更智能的稻草人吧！除了稻草人，你还想制作什么智能产品？根据Arduino 开源硬件及其编程软件的相关知识，去尝试制作更多功能齐全、适用性强、外观漂亮的产品服务于我们的生活吧！

移动智能稻草人

行走的旋转木马

第五单元　节能环保

　　地球是我们人类赖以生存的唯一家园，保护地球、保护环境我们责无旁贷，为了有效减轻环境污染，进行垃圾分类势在必行。本单元课程主要通过学生对垃圾的了解、认识，学会对垃圾进行科学分类，充分利用高新技术解决现实生活中垃圾分类、垃圾处理难题，以及有效回收利用垃圾——变废为宝，倡导绿色环保生活。

Science 科学
Technology 技术
Engineering 工程
Art 艺术
Mathematics 数学

项目一：垃圾来源

 细心观察

最近，我们的身边忽然吹起来一场"垃圾分类"的风，在小区楼下、校园中、大街小巷都可以看到这些熟悉的"环保卫士"的身影，它们是什么意思，为什么要进行垃圾分类呢？

 活动卡片

看似麻烦的垃圾分类，为何被大力推广呢？这可能要从垃圾分类的现实意义说起，和伙伴一起收集相关资料，讨论交流吧。

活动预备

1. 组建团队

你准备收集哪些资料来说明垃圾分类的现实意义？与同学交换看法，找到志同道合的伙伴组成团队。

2. 问题导引

①废弃垃圾对环境有何影响？

②世界当前垃圾处理现状如何，我国目前垃圾处理形势又是怎样的？

③垃圾的寿命有多长，垃圾可以回收利用吗？

3. 材料准备

准备并整理好相关资料和展示。

创客实践

1. 问题聚焦

将要调查和探究的大问题分解成若干小问题，再把小问题分配给不同的组员尝试解决，参考下面的"问题分解表（模板）"来设计自己小组的问题分析表。

问题分解表（模板）

大问题	问题分解		负责人员
问题一：	小问 1：		
	小问 2：		
问题二：	小问 1：		
	小问 2：		
问题三：	小问 1：		
	小问 2：		

2. 设计方案

要回答这些问题，可以从进行哪些途径进行资料搜集？小组成员如何将收集到的资料完整、流畅地展示出来？

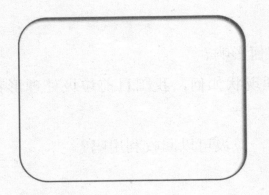

活动指引卡

画出资料准备和成果展示的人物安排。

3. 尝试实践

根据活动设计和步骤，小组分工完成任务。

4. 改进完善

小组讨论在任务完成中过程存在的问题，应该如何进行改进。根据讨论的结果对最初的任务设计方案进行优化。

讨论记录

活动指引卡

可以从人员分配、任务的可执行度等方面分析。

问题一：＿＿＿＿＿＿＿＿＿＿

影响因素：＿＿＿＿＿＿＿＿＿＿

优化改进方法：＿＿＿＿＿＿＿＿＿＿

＿＿＿＿＿＿＿＿＿＿＿＿＿＿＿＿＿＿

问题二：＿＿＿＿＿＿＿＿＿＿

影响因素：＿＿＿＿＿＿＿＿＿＿

优化改进方法：＿＿＿＿＿＿＿＿＿＿

＿＿＿＿＿＿＿＿＿＿＿＿＿＿＿＿＿＿

问题三：＿＿＿＿＿＿＿＿＿＿

影响因素：＿＿＿＿＿＿＿＿＿＿

优化改进方法：＿＿＿＿＿＿＿＿＿＿

5. 成果展示

分小组进行展示、评价。

成果分享

通过搜集垃圾分类的相关资料，小组成员的合作分享，相信你已经对垃圾分类的现实意义有比较深刻的理解，从中获得了不少的感悟。请把这些内容整理出来，以创客手记、PPT、微视频、作品展示的形式呈现出来，与同学们和老师一起分享！

评价内容	自我评价 （ABCD）	组内点评 （ABCD）	教师评价 （ABCD）
创新精神			
问题意识			
自主学习能力			
创新创造能力			
合作意识			
任务完成度			
自我反思：			

拓展探究

在我们周围，常看到哪些垃圾分类的标志，它们是什么意思？分类的依据是什么？如何对垃圾进行正确分类处理呢？

项目二：垃圾分类

 **细心观察**

我们在食堂里、校园中、小区楼下、街道旁常常可以看到这些新式垃圾桶，上面的标志是什么意思，如何进行垃圾分类呢？

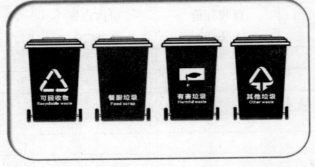

 活动卡片

通过上个项目的学习，我们了解了进行垃圾分类刻不容缓，对环境、社会、经济具有重要的现实意义。通过搜集相关资料，了解垃圾分类的基本常识，并思考：在推广垃圾分类的过程中我们也遇到了一些难题，如何解决老人、小孩及特殊人群垃圾分类的难题呢？

活动预备

1. 组建团队

2. 知识储备

在 2019 年 11 月 15 日，住房和城乡建设部发布的《生活垃圾分类标志》标准中，生活垃圾类别调整为可回收物、有害垃圾、厨余垃圾和其他垃圾 4 个大类和 11 个小类。新标准将于 12 月 1 日起正式实施，46 个城市喜提垃圾分类重点城市。

可回收物 有害垃圾 厨余垃圾 其他垃圾
Recyclable　Hazardous Waste　Food Waste　Residual Waste

3. 材料准备

准备垃圾分类的分类标准、常见误区、投放要求及当前先进的垃圾分类技术的相关资料、笔和图纸。

创客实践

1. 任务聚焦

将任务分解成若干需要完成的小任务，再把小任务分解成一个个具体的步骤，合理安排，制定一个周密的计划，参考下面的"任务分解表（模板）"来设计自己小组的任务分析表。

任务分解表（模板）

任务分解	制作步骤	注意事项
任务一：认识垃圾分类标志，掌握垃圾分类知识	第一步：	
	第二步：	
任务二：如何利用垃圾分类技术解决特殊人群垃圾分类难题	第一步：	
	第二步：	

2. 资料展示

将收集到的垃圾分类的分类标准、常见误区、投放要求及当前先进的垃圾分类技术的相关资料进行展示。

3. 设计方案

参考垃圾分类的先进技术，从生活实际出发，将你心中的分类垃圾桶设计出来，并画出设计图。

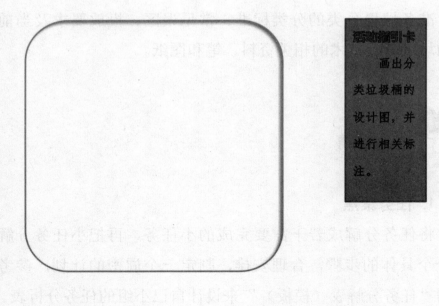

活动指引卡

画出分类垃圾桶的设计图，并进行相关标注。

4. 小组讨论

根据设计图，进行小组互评。

5. 改进完善

分小组讨论在设计中存在的问题，应该如何进行改进。根据讨论的结果对初步设计的方案进行优化。

讨论记录

活动指引卡

可以对垃圾桶的外观、质地、材料、功能等方面分析。

问题一：_____

影响因素：_____

优化改进方法：_____

问题二：_____

影响因素：_____

优化改进方法：_____

问题三：_____

影响因素：_____

优化改进方法：_____

 **成果分享**

通过学习和收集垃圾分类的相关知识，自己动手设计分类垃圾桶，相信你已经对垃圾分类有了比较深刻的理解，从中获得了不少的感悟。请把这些内容整理并以多种形式呈现出来，与同学们和老师一起分享！

反思评价

评价内容	自我评价 （ABCD）	组内点评 （ABCD）	教师评价 （ABCD）
创新精神			
问题意识			
自主学习能力			
创新创造能力			
合作意识			
任务完成度			
自我反思：			

 **拓展探究**

创新来源于生活，留心生活，继续发现生活中垃圾分类存在的问题，对设计进行改进。

项目三：垃圾处理

细心观察

据统计，在日常生活当中，家庭每天所产生的厨余垃圾占比高达 60% 或以上，从家庭源头着手解决厨余垃圾处理问题，能大大提升市民对于垃圾分类的热情，并减轻城市环卫负担。随着上海、北京、深圳等各地垃圾分类政策的逐步实施，家用厨余垃圾处理器走进了更多消费者家中，市场也迎来了营利性的增长。

活动卡片

了解厨余垃圾处理常见问题，以及一些厨余垃圾处理机的设计理念，通过小组合作探究，设计出功能多样、实用性强、美观且富有创意的家庭厨余垃圾处理机。

活动预备

1. 组建团队

2. 课前准备

了解管道堵塞、噪音和异味等问题，厨余垃圾处理器分类有哪些？各自的优缺点是什么？

3. 材料准备

查询有关厨余垃圾处理器的创意、制作及人们的需求信息和常见问题。准备好图纸和画笔。

创客实践

1. 任务聚焦

将任务分解成若干需要完成的小任务，再把小任务分解成一个个具体的步骤，合理安排，制定一个周密的计划，参考下面的"任务分解表（模板）"来设计自己小组的任务分析表。

任务分解表（模板）

任务分解	制作步骤	注意事项
任务一：	第一步：	
	第二步：	
任务二：	第一步：	
	第二步：	
任务三：	第一步：	
	第二步：	

2. 设计方案

参考已有的厨余垃圾处理技术，结合生活实际，将你想要制作的厨余垃圾处理器设计出来。

活动指引卡

画出厨余垃圾处理器的设计图并标注相关信息。

3. 设计展示

根据设计图，进行展示和小组互评。

家用厨余垃圾处理器产品设计评价表

小组序号 第（ ）组	实际得分			
	设计方案创新性 （40分）	产品美观度 （20分）	产品实用性 （20分）	材料成本 （20分）
组内自评 （30%）				
组间互评 （30%）				
教师评价 （40%）				
总计				
小组最后得分				

4. 改进完善

根据讨论的结果对初步设计的方案进行优化，并根据此设计出更为优良的厨余垃圾处理器。

讨论记录

活动指引卡

可以从外观、材料成本、实用性、创新性等方面分析。

问题一：_____

影响因素：_____

优化改进方法：_____

_____

问题二：_____

影响因素：_____

优化改进方法：_____

_____

问题三：_____

影响因素：_____

优化改进方法：_____

_____

5. 活动记录

家用厨余垃圾处理器设计活动记录单

班级：	组别：	
小组成员：		
项目名称：		
内容介绍：		
小组分工情况：		

（续表）

搜集信息记录	制作家庭厨余垃圾处理器的主要材料	
	家庭厨余垃圾处理器设计应该考虑的因素（人们的需求）	
设计方案创意说明及各部分具体尺寸（附设计图）		
遇到的问题		
解决方法		
活动体会		

成果分享

通过了解厨余垃圾处理器的相关知识，自己动手设计，相信你从中获得了不少的感悟。请把这些内容整理出来，以创客手记、PPT、微视频、作品展示的形式呈现出来，与同学们和老师一起分享！

拓展探究

与市面上已有的成品进行对比，我们的设计有哪些创新和不足？接下来进一步思考，如果你是投资人，更想要看到什么样的产品设计。

项目四：变废为宝

细心观察

　　中国是世界上垃圾包袱最沉重的国家之一，固体废弃物占比不少。其中，生活垃圾与学生生活关系密切，通过本次活动，让学生结合生活经验，拓展创新，树立环保意识。

活动卡片

　　本次活动主题为"垃圾处理"，旨在让学生通过了解生活中废物利用的小妙招，结合自己的思考，变废为宝。

活动预备

1. 组建团队

6人一小组，组长1名，材料员2名，设计员2名，汇报员1名。

2. 知识储备

通过课前的调查，当今人类面临的最大的危机来自垃圾。为了解除这个危机，我们中国也在全力建设"无废城市"。重庆市作为试点，也在不断地推进无废城市的建设。要想更好地做到无废，就得从每一个垃圾桶入手，是时候给垃圾桶减负了！

无废城市：以创新、协调、绿色、开放、共享的新发展理念为引领，通过推动形成绿色发展的生活方式，持续推进固体废物源头减量和资源化利用，将固体废物环境影响降至最低的城市发展模式，也是一种先进的城市管理理念。

生活中的垃圾不可避免，怎么给垃圾分类？有哪些办法减少不同类型的垃圾？

3. 材料准备

设计图纸、废旧物品、铅笔、水彩笔。

创客实践

1. 任务聚焦

现在正好有一个"垃圾桶减负"的比赛。变废为宝是个好办法。把身边一些废旧物品回收利用，加上一点巧思、一点创意，就能让这些所谓的"垃圾"有新的生命。

任务分析：课前，查询关于生活中变废为宝的资料，课上小组交流，阅读关于变废为宝的书籍，想一想这些小创意都有什么共同的特点。

（提炼要素：环保、安全、实用、美观）

任务：设计变废为宝

　　生活中产生的废旧物品的确不少，学生按照课前的分工，小组合作，结合带来的废旧物品，或者想到的，在设计图纸上画出设计，看哪个小组的设计最环保、最安全、最实用、最美观！时间为 12 分钟。

2. 设计方案

我们的设计 （ 小组）		
所用材料：		
所用工具：		
作品名称：		
设计图：		

3. 尝试制作

小组分工要求：

①组长：负责统筹工作，协助小组成员完成任务；

②材料：负责保管材料；

③设计：负责设计图纸；

④汇报：负责最后的现场展示和讲解工作。

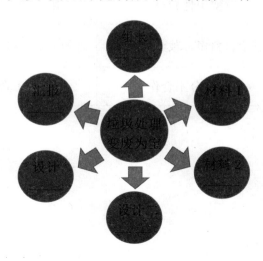

 **成果分享**

各小组上台展示自己组的设计，其他小组根据他们的汇报进行评价，能得几颗星，说说为什么。

 **反思评价**

评价表

根据得分和其他组展示分享的作品，思考改进自己组的作品。

项目 ＼ 分数	1 分	2 分
设计方案	设计方案步骤不清晰	设计方案步骤清晰，环环相接
外观	制作色彩不丰富，不够美观	制作色彩丰富，搭配适当美观
实用性	实用性较小	实用性大，生活中能常用
剩余垃圾	剩余材料多，裁剪垃圾多	只剩下少量材料，裁剪垃圾少
分工合作	没有分工合作	分工合作明确